これ1冊でプロセス・色選び、
メイクのアレンジ方法までがよくわかる

メイクの超基本と応用テクニック

メイクアップアーティスト MANAMI

マイナビ

はじめに

私は、内面を外見に表現することはとても大切だと思っています。
それが、いちばん自分らしく輝けるからです。
出会った瞬間の数秒で「この人は○○な人だ」と、
内面とのギャップなしに伝わっていれば、成功だと思います。

大人しそうだと思ったのに、実はすごくお喋りで驚いた、
派手で快活そうに見えて話しかけたのに実は人見知りで盛り上がらなかった……、
というような初対面でのギャップを、あなたも感じたことがあるでしょう。

私たちは、よくも悪くも第一印象で性格までも推し量られます。
ギャップは確かに素敵だと思いますし、プラスに働くことだってもちろんありますが、
「期待していたのと違う」と、あなたもまわりもがっかり、
なんてことも残念ながらあるのです。

髪型やファッション、表情のひとつひとつ、
そしてもちろんメイク。すべての総合バランスが、
あなたの第一印象を左右する大事な要素となっています。
中でもメイクは顔の印象を作るもので、表情にも大きく左右します。
ですから、メイクのテクニックをマスターして自分の内面を引き出すことは、
自分らしく輝くことにつながっていくと思うのです。

本書は「なりたい顔そのものになる」といった、

メイクをまるごと真似していただくためのメイク本ではありません。
まず自分の肌の色や肌の質、
そして職業、出かける場所・シーン、その場でどう見られたいのかなど、
メイクを通して「あなた自身を知る」ことからはじめます。
すると、「しっかり見られたかったのに、カジュアル過ぎるメイクをしていたんだ」
「性格が穏やかなのに、いつも強く見られてしまう原因は眉だったんだ」
など、あなた自身とメイクのギャップが見えてきます。

その上で、メイクの基本と応用を学んでいただくと、
外見に今のあなたに足りないエッセンスをメイクで取り入れることができ、
そのメイクがあなた自身に「チカラ」を与えてくれるはずです。

また、この本では、オフィスシーン、カジュアルシーン、パーティシーンなど
さまざまなシーンに合わせたメイク術を提案しています。
オフィスシーンでは話しかけられやすい雰囲気に、
デートシーンはちょっと甘くパステル調に……など、
あなたらしいのに毎日雰囲気を変えられることだってできるのです。
ぜひ、ＴＰＯに合わせたメイクに、挑戦してみてくださいね。

この本を手に取ってくださったあなたの毎朝のメイク時間が、
あなた自身と向き合う大切な時間に変わったら、こんなにうれしいことはありません。

メイクアップアーティスト　ＭＡＮＡＭＩ

INDEX

Column

なりたいイメージを作る3つのプロセス

1. 自分に合うメイクを知ろう

肌の色、肌質、似合う色、職業(スーツなのか、カジュアルな服装なのか)、どんな場所・シーンに出かけるか、どう見えたいかなど、顔だけではなく、さまざまな角度から自分を観察してみましょう。

- ベースカラーの調べ方は ↓ P8～P11
- TPO別メイクの考え方は ↓ P14～P15
- 合うベースメイクの調べ方は ↓ P18～P21

2. メイクの基本と応用をマスターしよう

コスメのテクスチャーによって、メイクの施し方が違うこと、求める仕上がりでアイテムを使う順番が変わることなどの、基本をおさえましょう。基本がわかれば、あとはイメージに合わせて組み合わせればOKです。

- ベースメイクの基本と応用 ↓ P22～P44
- ポイントメイクの基本と応用 ↓ P46～P86

※応用のないものもあります。

3. なりたいイメージにアレンジしよう

パーティでばっちり目立てるメイクや、今流行のハーフ顔メイク、季節ごとに似合うメイクや目の形に合わせたメイクなどのポイントを、2でマスターした定番の自分らしいメイクにちょい足ししていきましょう。

- TPOに合わせたメイクの組み合わせは ↓ P88～P135

Part.1

まずは自分を知ることから

似合うを作る
メイクの5ステップ

まずは、メイクの基本の流れや、必要な道具を
おさらいしましょう。また、メイクをはじめる前に
自分の肌や、「なりたい」と思うイメージには
どんなメイクが合うのか、
客観的に見てみることも大切です。

Part.1

step 1

自分のベースカラーを知る

青が似合わないと決めつけず、似合う青があることを知る

どんなメイクにおいても、似合うコスメを選ぶことは、仕上がりの美しさを左右する大切な要素のひとつ。肌の色みは、黄み肌である「イエローベース」と、赤み肌、青み肌といわれる「ブルーベース」に大別されます。自分の肌の色に似合う色をつけると、肌がきれいに見えたり小顔に見えたり、いいことづくしです。似合う色群を知るだけでも、メイクの仕上がりはグンと美しくなります。

ベースカラーチェックリスト

まずは、自分が「イエローベース」の肌なのか
「ブルーベース」の肌なのか診断してみましょう。
当てはまるものにチェックをつけてください。

イエローベース Check!

- □ アクセサリーはシルバーよりもゴールドのほうが肌なじみがいい
- □ 手の甲の指関節部分は、まわりの肌の色とほぼ同じ色で一枚皮のようなイメージだ
- □ 手のひらの色が、黄みがかったオレンジ色の血色をしている
- □ お酒を飲んだり、運動したあとも、ほおに赤みが出にくい
- □ 左ページのカラーチャートに指をのせたとき、「ビビッドピンク」は肌がくすんで浮いて見え、「ビビッドオレンジ」のほうがくすみや肌浮きがなく、肌の色が整って見える

計　　個

ブルーベース Check!

- □ アクセサリーはゴールドよりもシルバーのほうが肌なじみがいい
- □ 手の甲の指関節部分がまわりの肌と比べて赤みがかって見える
- □ 手のひらは赤みを帯びたピンク色のような血色で、手首の血管がよく見える
- □ お酒を飲んだり、運動したあとは、ほおが赤くなりやすい
- □ 左ページのカラーチャートに指をのせたとき、「ビビッドオレンジ」は肌がくすんで黒っぽく見え、「ビビッドピンク」のほうは肌が白っぽく整って見える

計　　個

診断方法

チェックリストで当てはまる項目が多いほうが自分のベースカラーです。これはあくまでコスメを選ぶための目安として診断しています。パーソナルカラーとは異なるので、より詳しく知りたい人はパーソナルカラーリストに見てもらいましょう。

ブルーベースの人は…

涼し気な肌で色白の人が多く、「赤み肌」といわれることが多いです。皮膚自体も薄く、色みが透けやすいので、運動したり急激な温度の変化にさらされたりすると鼻やほお、耳、また、手指などの関節部分に赤みが出やすいのが特徴です。日焼けをすると赤くなりやすい人が多いでしょう。指先などがこのカラーチャート上段ピンクのような青みのある濃いピンクであることが多いです。頭皮や白目が真っ白という傾向があり、顔色が青白く見えやすいので、ベージュのリップなど白っぽい色をぬるときにはチークで血色をしっかり出すのがおすすめ。

イエローベースの人は…

こっくりとした温かい黄みを帯びた肌で日本人に多いタイプ。色白な人から健康的な色の人まで、さまざまです。運動後やお酒を飲んだあとも赤く見えにくいのが特徴。日焼け後は赤くならずに、そのまま日焼けすることがほとんど。手のひらや指先はこのカラーチャート下段のオレンジ色を帯びたようなオークル系で、頭皮や白目もやや黄みがかっています。ブルーベースの人に比べて皮膚は厚いのですが、目のまわりだけは誰でも皮膚が薄いので目まわりのくすみが気になる人も。肌の色みと自然になじむコンシーラー選びをするとよいでしょう。

ビビッドピンク

〈カラーチャート〉

ビビッドオレンジ

step 2

似合う色を知る

ベースカラーを参考に、色に「黄み」「赤み・青み」を加味してみる

　前ページで自分のベースカラーがわかったら、さっそくコスメの色選びに反映させてみましょう。はじめは「ベースカラー×肌の明るさ」で選ぶと失敗が少なくなります。

　ファンデーションなら標準色を起点に、黄みが強いイエローベース寄りなのか、赤み・青みが強いブルーベース寄りなのか、自分のベースカラーの色みをプラスして考えます。次に自分の肌の明るさを合わせると、自分の肌に合ったファンデーション選びができます。慣れないうちは、実際に試して似合う色を見極めましょう。首に近いフェイスラインでチェックすると顔と首の境目も自然になります。

　アイシャドウの色選びも同じ。ひと口に青といっても、黄みが入ればターコイズやティールブルー、赤み・青みが強ければスカイブルーや藤色になります。チークやリップの赤も、黄みに寄れば朱赤、赤み・青みに寄ればワインのような赤、となります。○色が似合わないとあきらめず、どんな色みにも必ず似合う色があるので挑戦してみましょう。

ファンデーションの場合

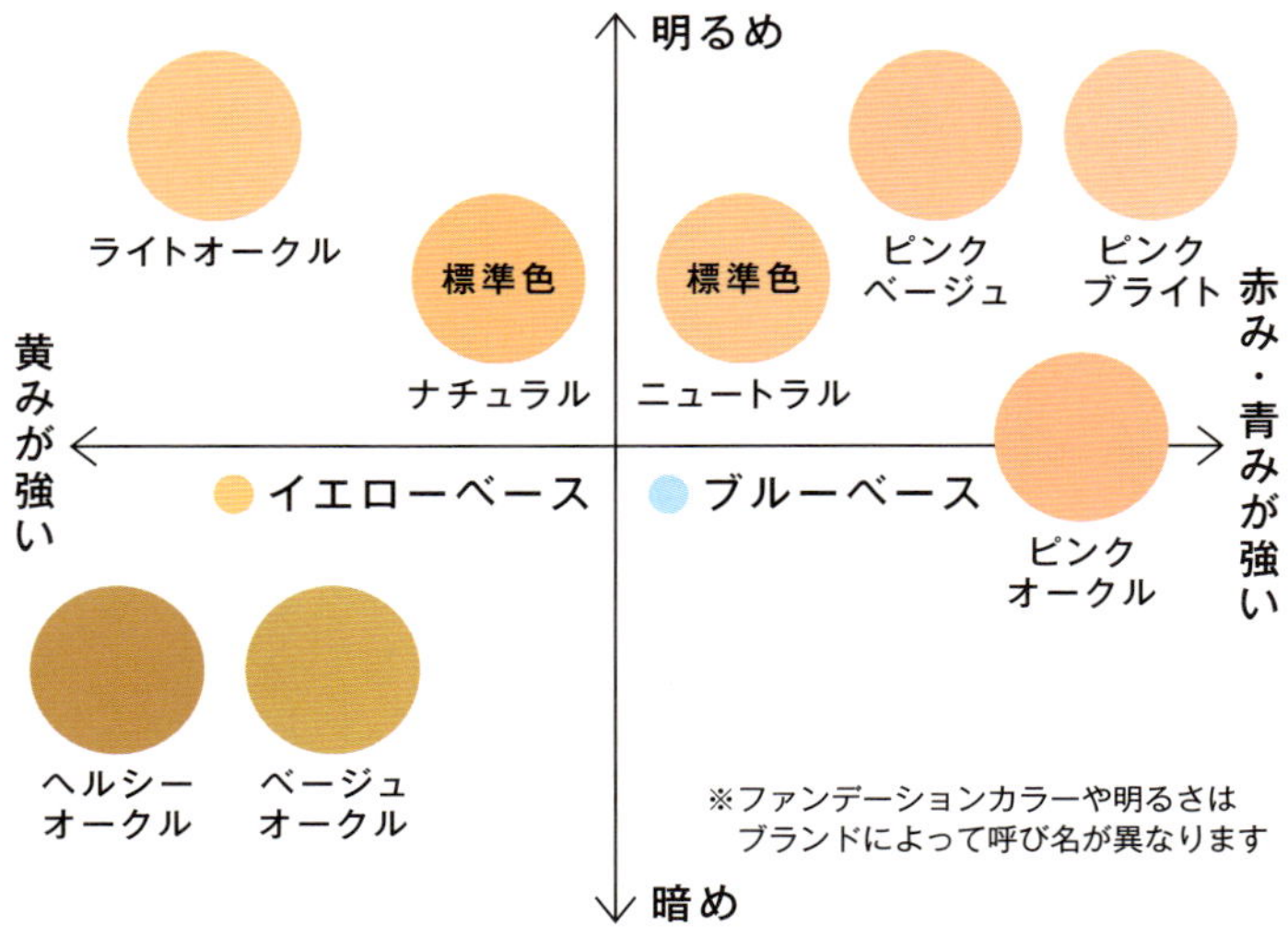

※ファンデーションカラーや明るさはブランドによって呼び名が異なります

カラーアイテムの場合

（グリーン）

ライムグリーン

イエローベースの人は黄みが強いライムグリーンや若草色、ブルーベースの人はより青みが強いペパーミントグリーンや青磁色などがおすすめです。

ペパーミントグリーン

（ブルー）

ターコイズ

イエローベースの人は黄みがかったターコイズブルーやティールブルー、ブルーベースの人は青みが強いスカイブルー、赤みが入った藤色が似合います。

スカイブルー

（ブラウン）

キャラメルブラウン

イエローベースには黄みが強いキャラメルブラウンやシナモン、ブルーベースには、赤みの入ったココアブラウンや小豆色などが、肌なじみがいい色です。

ココアブラウン

黄みが強い ←→ 赤み・青みが強い

イエローベース　　ブルーベース

（ピンク）

ピーチピンク

チークなどで、イエローベースの人はピーチピンクやサーモンピンク、ブルーベースの人はローズピンクやパステルピンクを選ぶと肌がくすみません。

ローズピンク

（レッド）

朱赤

口紅などの赤は、イエローベースの人は朱赤やバーミリオン、ブルーベースの人はワインレッドや紅赤を選ぶと、肌がワントーン明るく見えます。

ワインレッド

（パープル）

パンジー

特にイエローベースはパープル系の色は取り入れるのが難しいですが、パンジーなら肌なじみもよいです。ブルーベースにはラベンダー系が似合います。

ラベンダー

（オレンジ）

フレッシュオレンジ

イエローベースの人は、黄が強いフレッシュオレンジやピーチオレンジ、ブルーベースの人は青みが強いウォーターメロンや珊瑚紅などを選びましょう。

ウォーターメロン

step 3

メイクの基本をマスター

スキンケアのあと、早く美しく仕上げる基本のコツをおさえる

　ベースカラーやコスメの似合う色がわかったところで、さっそくメイクに入っていきましょう。メイクをするときはスキンケアをしてから、ベースメイク、それが終わったら眉、アイメイク、チーク、リップ……とポイントメイクを施します。大まかな手順は、左ページで確認しましょう。

　メイクを上達させるには、まずは基本的なつけ方や描き方などをマスターすることです。基本ができるようになると「アイテムは色選びだけではなく、質感も重要なのでは？」「全体のバランスで考えると、引き算も必要だったりするのかも？」「ＴＰＯによってプラスするものもあるのでは？」と、アレンジ方法も気になってきます。興味を持てば持つほどどんどんハマっていくのがメイクなのです。

　でも、焦らず、まずはベースメイクやポイントメイクの基本となるテクニックとメイク理論、またそれぞれにどのような変化のバリエーションがあるかを学びましょう。それがわかれば応用もかんたんです。

メイクの基本と応用

　パーツ別の基本のテクニックを身につけると、応用のバリエーションも広がります。たとえば眉。基本の描き方をマスターすれば、自分の眉の形を把握することができます。すると「太くしたい」ときはどこを描き足せばよいか、「平行眉にしたい」ときはどこから描きはじめればよいかがわかります。トレンドが移り変わっても基本さえマスターしておけば、対応することができるのです。

基本の眉

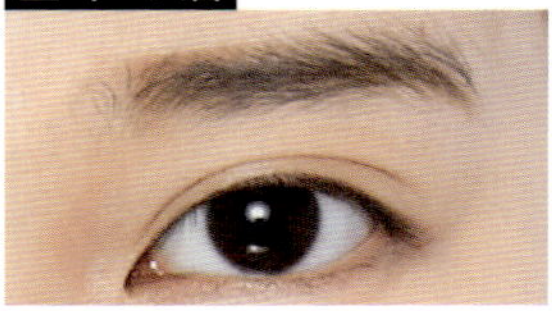

応用の眉

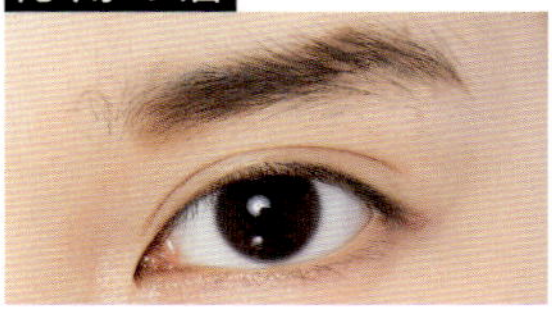

眉も、基本の描き方をマスターできれば、あとは太さや角度を変えるだけでバリエーションが広がる！

メイクの手順

メイクはアイテムをのせていく順番もとても大切です。
それぞれの基本のプロセスを知る前に、メイクの大まかな流れをおさらいしましょう。

洗顔

ベースメイクをはじめる前に、化粧水、乳液、クリームなどのスキンケアは済ませておきます（おすすめのスキンケアアイテムは→P138～）。

スキンケア

コンタクトをつける際は、メイクの前に。コスメの粉がコンタクトと目の間に入るのを防ぎます。

ベースメイク

Part.2 → P17

- 化粧下地（日焼け止め）またはCC・BBクリーム
- コントロールカラー
- ファンデーション
- コンシーラー
- フェイスパウダー
- ハイライト／ローライト

ベースメイクは肌の凹凸を整えて均一にする重要なプロセスです。なりたい肌によって使うアイテム数は異なるので、P20で確認しましょう。

ポイントメイク

Part.3 → P45

- アイブロウ
- アイメイク
（アイシャドウ、アイライン、
マスカラ・ビューラー、つけまつ毛）
- チーク
- リップ

顔の印象を大きく変えるのがポイントメイクです。基本をマスターすれば、応用もかんたん。自分のなりたいイメージに近づけます。

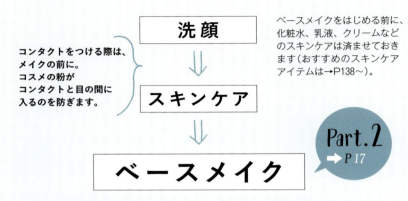

Part.1

step 4

なりたい顔に近づける

肌の質感、各パーツの描き方、色ののせ方でイメージは自由自在

自分の性格や職業・職種、着る服、さらに一緒に過ごす人の雰囲気、自分の持つ外見の素質、それらをトータルで考えて、なりたいイメージに近づけます。内気だけれど営業職で信頼感を与えたい人は眉間を近づけたり、パーティで華やかに輝きたいならツヤ肌にしてみたり。パーツの組み合わせを変え、ガラリとイメージを変えて楽しむこともできます。各パーツの変化を自分のものにしてみましょう。

どんなイメージになりたい？

メイクとTPO

たとえばスーツを着ても足元が素足にサンダルだと、バランスが悪いですよね。メイクも同じこと。オフィス仕様のきっちりスタイルには、カバーされたマットな肌や、輪郭をとったリップラインなどが必須。逆にルームウェアでフルメイクもおかしいものです。肌の質感や使うアイテムのセレクト、プロセスにひと手間かけたり、逆に抜いたりすることで、よりTPOにマッチしたメイクをすることができます。

とっておきの日は、ボリューム×ホリの深さなど、「顔の上半身」にスポットを。

とっておきの休日は、ハーフ顔メイクでかわいらしさをアップ。カラコンや目頭の切れ込みアイライン、つけまつ毛でアイメイクにボリュームを出し、ノーズシャドウでホリの深さを演出します。

→P102

社外の人にも会う職種の人は、カジュアル過ぎないのが鉄則。マットな肌質感が◎

社外のお客様などに会う職種の人のオフィスメイク。肌質感はセミマット～マットが基本です。信頼感と明るさを感じさせる太めの角度ある眉やペンシルで描いた唇の輪郭などの「ライン」がキモ。

→P92

パーティメイクの華やかさは、ツヤ感が大切。飲食するシーンも考慮して。

パーティに出席するときは、その場に華を添える気持ちで。肌のツヤ感にはじまり、アイシャドウにもパール、リップもグロス感を。ペンシルでぬりつぶすと食事をしても落ちにくいリップに。

→P124

ナチュラルメイクは色みの統一感と自然な立体感がカギ。

ナチュラルメイクこそ手抜きはNG。リキッドファンデーションで立体感を出し、ノーカラーなクリームシャドウで陰影のみをつけます。眉やリップはパウダーや直ぬりでざっくり感を出しましょう。

→P98

step5 コスメを買う・足す

コスメを買うときは試しぬりで必ず肌の見え方をチェック

メイクをする前に必要最低限の必要なものをおさらい。今持っているもの、買い足さなくてはいけないもの、P8~11で似合う色を調べた結果、買い直したほうがいいものなどをチェックしましょう。コスメを買うときは、ドラッグストアならテスターを使って、カウンターなら美容部員さんに頼んで試しぬりを。コスメによって肌の見え方の違いがあることを知れば、メイクの上達につながります。

まず買いたいもの

- 化粧下地／日焼け止め
- リキッドファンデーション
- フェイスパウダー
- アイブロウ（ペンシル）
- アイシャドウ（ブラウン系）
- アイライナー（リキッド）
- ビューラー
- マスカラ（ブラック）
- チーク
- リップスティック（ベージュ系）

まず、メイクの初心者が買うファンデーションは、どんなシーンにも対応できるリキッドファンデーションを。アイシャドウもまずはブラウン系からそろえましょう。

↓

買い足したいもの

- コントロールカラー
- コンシーラー
- ハイライト／ローライト
- アイシャドウ（カラー）
- アイライナー（ペンシル）
- グロス
- リップスティック（ビビッド系やレッド系）
- ブラシなどの道具

肌のトラブルを調整するアイテムを買い足せば、ベースメイクはOK。ブラシなども付属ではないものを使うと、メイクの上達も早いです。カラーものもプラスしてバリエーションを広げて。

↓

さらにアレンジを広げるなら

- BBクリーム／CCクリーム
- パウダーファンデーション
- カラコン
- アイブロウマスカラ
- つけまつ毛
- 部分用ビューラー
- カラーマスカラ
- リップペンシル

これだけあれば、メイクは無限大。P90～を参考にして、色々シーンでさまざまなメイクを楽しんで。

Part. 2

イメージを作るのは肌
ベースメイクの基本と応用

肌の仕上がりひとつでカジュアルに見えたり、フォーマルに見えたりすることをご存知ですか?メイクのできを左右するベースメイクの基本をまずはマスターしましょう。

Part.2

ベースメイクの基本

メイクの成功はベースにあり。TPOに合わせて肌質感も重視して。

すべてのメイクプロセスの中でいちばんはじめにとりかかるのが「ベースメイク」です。化粧下地やコントロールカラー、CCクリーム、BBクリーム、ファンデーション、コンシーラーやフェイスパウダーなどの中から、いくつかをチョイスして使います。肌ムラをなくし、気になるトラブルをカバーし、顔色を演出します。そのあとのポイントメイクのよし悪しも決まるとても大切な部分です。それは、「ベースメイクが成功ならばメイクは8割成功する」ともいわれているほど。美しい肌には美しいポイントメイクがよく映えるということです。

ベースメイクは、ただ肌を美しく見せるだけではありません。肌の質感ひとつで、印象は大きく異なるのです。ですから、メイクをして訪れたい場所や会う人、着る服の素材やライフスタイルに合わせることが重要。ベースメイクの質感、具体的には”ツヤのありなし“の選択です。各アイテムの組み合わせから作られる、TPO別にふさわしい肌質感を覚えましょう。

覚えておきたいベースメイクによく使われる用語

【カバー力】

肌の色ムラやシミ、シワ、毛穴など、肌トラブル全般を隠す強度のこと。基本的にはベースメイクアイテムのテクスチャーが硬くなるほどカバー力は高くなります。

【マット／ハーフマット】

肌の質感の違い。マットは粉っぽくしっかりとカバーされメイク感があり、ハーフマットはほのかなツヤを残しながらもメイク感もきちんと出ている状態です。

【ヨレ】

目まわりやほうれい線、鼻まわりなど、よく動いたり、皮脂の分泌が多い部分でベースメイクが寄ってたまり、崩れること。メイクがヨレると、肌ムラができてしまいます。

【ツヤ】

言葉のとおり、粉っぽさがなく、ほお骨周辺のCゾーンや額から鼻筋にかけてのTゾーンなどがつややかに光っている状態です。素肌のようにナチュラルに見えます。

あなたに合う基本のベースメイクチェック

Check 1

「パウダーファンデーション、CCクリーム」か「リキッドファンデーション、BBクリーム」のどちらが合っているかTPOなどに合わせて診断します。当てはまるものにチェックを入れましょう。

リキッド、BBクリーム

- □ 肌の立体感を出したい
- □ しっかりカバーしたい
- □ メイク直しの回数を少なくしたい
- □ メイクが崩れにくい
- □ 乾燥ぎみの肌である
- □ ツヤ肌にしたい
- □ いちばん気になるのはシミ・シワだ
- □ 肌に自信がない
- □ とにかく仕上がりを美しく見せたい
- □ 仕事がスーツまたは制服

計　　個

パウダー、CCクリーム

- □ 肌の色を均一に整えたい
- □ 薄づきが好き
- □ すぐにメイクが取れてしまう
- □ メイク直しをしやすくしたい
- □ オイリーぎみの肌である
- □ いちばん気になるのは毛穴
- □ とにかく手軽にしたい
- □ 素肌に自信がある
- □ 顔の骨格やパーツがはっきりしているほうだ
- □ 仕事がカジュアルまたはオフィスカジュアルファッション

計　　個

◀◀◀ 診断方法

「パウダー、CCクリーム」と「リキッド、BBクリーム」でチェックした項目が多かったほうがどちらかを調べ、チェック2に進んでください。

Check 2

チェック1の結果からさらに合うベースメイクを絞り込みます。それぞれのベースメイクの仕上がりやプロセスは、次ページを確認してください。

リキッド、BBクリーム が多かった人

- □ しっかりカバーしたい

➡ **リキッドファンデがおすすめ**

- □ 時短したい

➡ **BBクリームがおすすめ**

パウダー、CCクリーム が多かった人

- □ オフィスに通勤している

➡ **パウダーファンデがおすすめ**

- □ 自宅勤務または専業主婦だ

➡ **CCクリームがおすすめ**

※診断はあくまで目安です。社外の人に会う機会が多い仕事の人でパウダーファンデがおすすめという結果が出ても、実際はリキッドファンデが向いている場合もあります。次のページの「こんな人、こんなときにおすすめ」欄も合わせて確認して、自分に合ったベースメイクを導き出しましょう

>>> ベースメイクの種類とプロセス

BBクリーム

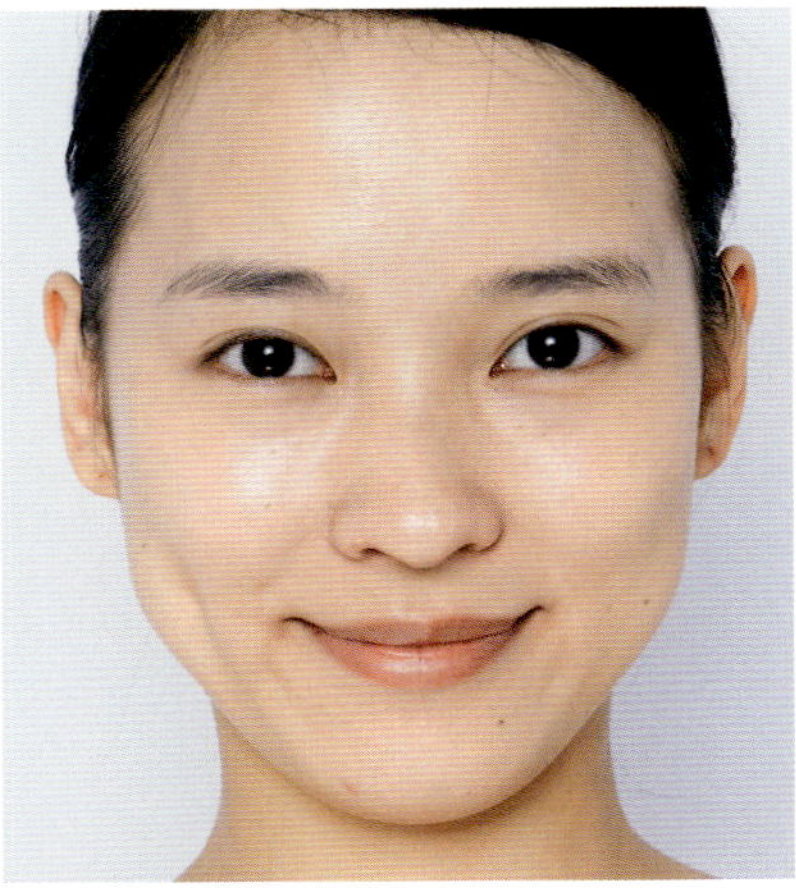

マット感	★★☆☆☆
ツヤ感	★★★★☆
フォーマル度	★★★~★☆
カバー力	★★★★★

※フェイスパウダーでのおさえ具合で
ツヤ~マット感を変えられます

こんな人、こんなときにおすすめ

- 朝のメイク時間を短縮させたい人
- なるべく少ないアイテムで済ませたい人
- とにかく肌を美しく、カバーしたい人
- 営業職など、社外の人に会う機会が多い仕事をしている人
- 乾燥肌の人

プロセス

BBクリーム …… P40
↓
(コンシーラー …… P36)
↓
フェイスパウダー
またはパウダーファンデーション …… P42

※()は省略可

リキッドファンデーション

マット感	★☆☆☆☆
ツヤ感	★★★★★
フォーマル度	★★★~★☆
カバー力	★★★★★

※フェイスパウダーでのおさえ具合で
ツヤ~マット感を変えられます

こんな人、こんなときにおすすめ

- きちんとした印象を与えたい人
- とにかく肌を美しく、カバーしたい人
- 営業職など、社外の人に会う機会が多い仕事をしている人
- スーツ、フォーマルファッション、冠婚葬祭のとき
- 乾燥肌の人

プロセス

日焼け止め・化粧下地 …… P22
↓
(コントロールカラー …… P26)
↓
リキッドファンデーション …… P28
↓
コンシーラー …… P36
↓
フェイスパウダー
またはパウダーファンデーション …… P42
↓
(ハイライト/ローライト …… P44)

※()は省略可

CCクリーム

マット感	★★★☆☆
ツヤ感	★★☆☆☆
フォーマル度	★☆☆☆☆
カバー力	★☆☆☆☆

こんな人、こんなときにおすすめ

- ちょっと近所まで行くとき
- 肌のトーンを均一に整えたいとき
- 素肌に自信がある人
- 朝のメイク時間を短縮させたい人
- 肌が疲れていると感じて休ませたい日

プロセス

CCクリーム……P24
↓
(コンシーラー……P36)
↓
(パウダーファンデーション……P34)
↓
(フェイスパウダー……P42
※パウダーファンデーションをのせた場合はなし)

※()は省略可

パウダーファンデーション

マット感	★★★★★
ツヤ感	★☆☆☆☆
フォーマル度	★★~★☆☆
カバー力	★★☆☆☆

こんな人、こんなときにおすすめ

- 素肌に自信がある人
- 休日のショッピングやデートのとき
- 肌にあまり負担をかけられない人
- カジュアル、オフィスカジュアルで仕事をしている人
- 油分が多い肌の人

プロセス

日焼け止め・化粧下地……P22
↓
(コントロールカラー……P26)
↓
(コンシーラー……P36)
↓
パウダーファンデーション……P34
↓
(ハイライト／ローライト……P44)

※()は省略可

化粧下地・日焼け止め

紫外線やホコリなどから肌を守り、ベースメイクのノリをよくして保つ

スキンケア後の肌に、はじめに使いたいのが「化粧下地」や「日焼け止め」。日焼け止めは日焼けだけでなく、紫外線の影響による肌の老化も防いでくれます。化粧下地は、ファンデーションなどのノリやつき、持ちをよくして崩れにくくしてくれます。スキンケア効果が高いもの、軽いベース代わりになるもの、コントロールカラーになるものもあるのでチェックしてみましょう。薄く均一にのばすことでベースメイクが崩れにくくなり美しく仕上がります。

種類

肌色や肌質チェンジ、肌の凹凸補正など、機能やテクスチャーも多種多様。自分の肌に合うものを選びましょう

クリームタイプ

小鼻の毛穴、テカリをカバーして化粧崩れを防ぐ

セルフューチャー シルキーカバーオイルブロック／アプロス

ピンク系タイプ

ピンクベージュのくすみ消し効果で明るい肌に

キスミー フェルム 明るさアップ化粧下地／伊勢半

美容効果高めタイプ

美容エキス配合でベースに。スキンケア効果も◎

真ノ珠ファンデーション／ドリーム

SPF高めタイプ

日差しの強い夏でも安心

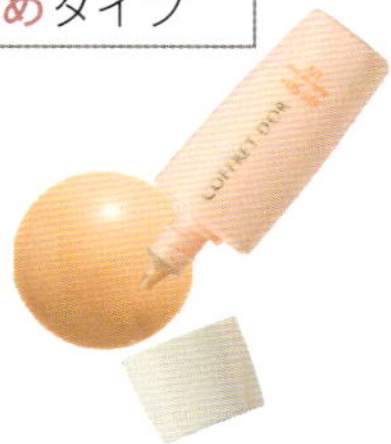

コフレドール 毛穴つるんとカバー 化粧もち下地UV 02(SPF50+、PA+++)／カネボウ化粧品

パール入りタイプ

パールの光反射効果でワントーンUP

ポール＆ジョー ラトゥー エクラ ファンデーション プライマー／ポール ＆ ジョー ボーテ

化粧下地・日焼け止めのつけ方
基本

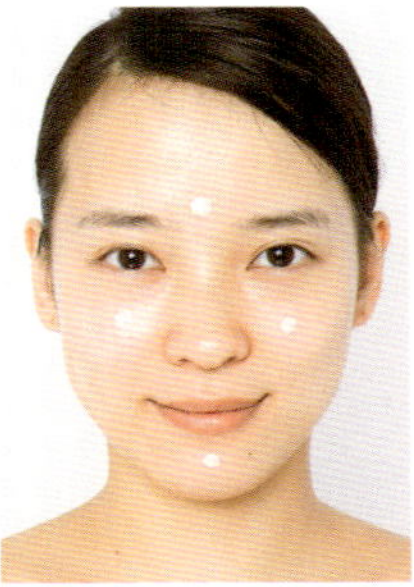

1
両ほお･額･あごの4か所にのせる

両ほお、額、あごに化粧下地(日焼け止め)をパール１粒分ずつのせます。のばすときは両側同時に。半顔ずつだと乾いて固まってしまいます。

2
両側のほおからのばしていく

両側のほおにのせた化粧下地を、中指と薬指の腹を使い斜め上方向に「外側へ」を意識しながらぬり広げていきます。

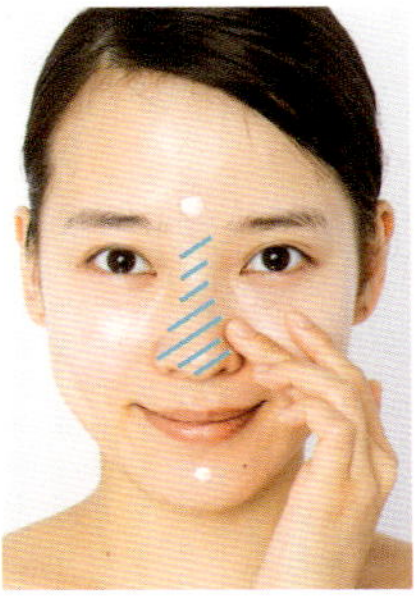

3
鼻筋部分と小鼻まわりにのばす

2でぬり広げた指に少量残った化粧下地を小鼻まわりや鼻筋へのばします。小鼻まわりは中指で密着させるとヨレにくくなります。

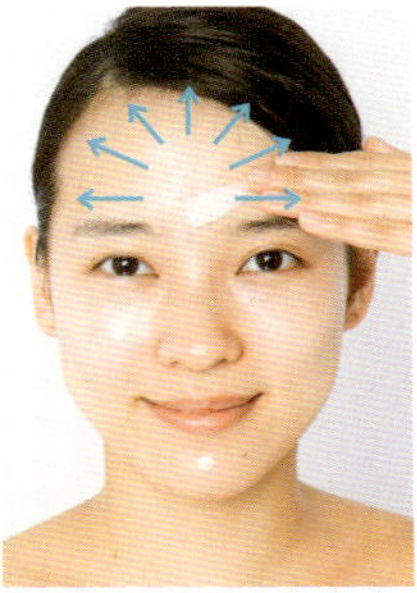

4
額から髪の生え際にのばす

額にのせた化粧下地を同じように中指と薬指で放射状に、下から上、内側から外側へ向かってムラなくのばしていきます。

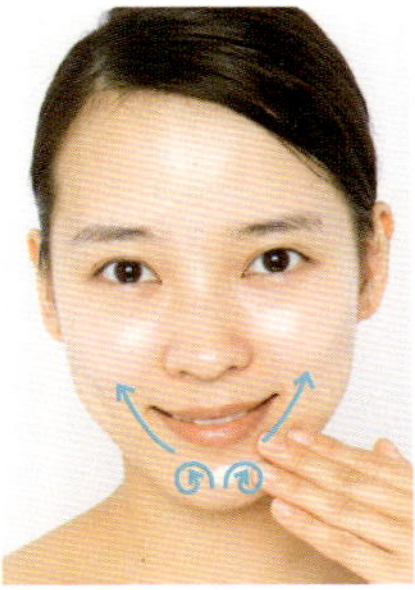

5
あご部分を円を描くようにのばす

あごにのせた化粧下地を、唇下に向かって円を描くように塗り、唇下からは口角に向かってV字状にのばし、ほお部分となじませます。

6
フェイスラインをのばし、なじませる

親指以外の４本の指で、髪の生え際や首との境目などのフェイスラインの少し内側から、外方向に化粧下地が薄くなるようにぼかします。

7
目元部分をのばす

主に薬指の腹を使い、目尻を起点に上まぶたと、目の下をそれぞれ目頭部分に向かってさするように薄くのばします。

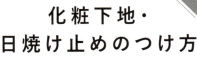

CCクリーム

高いスキンケア効果で肌色補正からベースまでをカバーする新世代ベース

BBクリーム（P40参照）に続いて登場したベースメイククリーム「CCクリーム」は、高いスキンケア効果と、肌の色を「変える」のではなく「本人の持つ肌の色みを整える」ことが特徴です。カバーではなく、肌の色をコントロールするという概念のものなので、BBクリームと比べてカバー力は薄め。ベースとしてぬったあとに、直接フェイスパウダーをつけて薄づきメイクに仕上げたり、パウダーファンデーション前の下地として使ったりできます。

種類　基本的には肌の色ベース。ブライトアップ効果やカバー力が少し高めでファンデーション代わりにできるものも

ピンク系タイプ

ベビーピンクでくすみやすい肌を明るくします

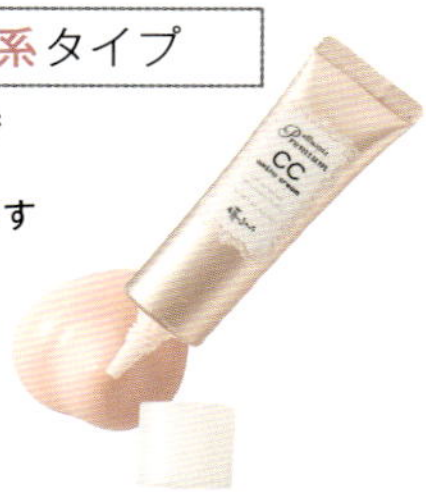

プレミアム CC アミノクリーム／エテュセ

ミネラルタイプ

石けんでオフできます！　肌への負担を軽減

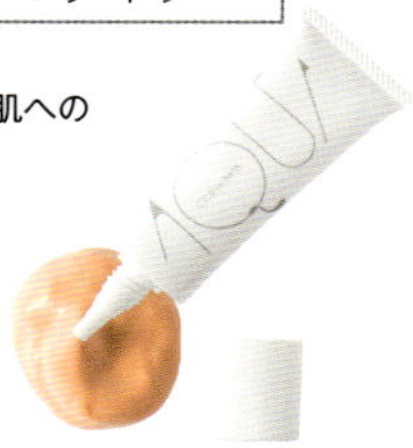

アクア・アクア オーガニックトリートメント CCベースUV SPF31 PA++／レッド

ベージュ系タイプ

素肌感を生かしナチュラルに肌トーンを調整

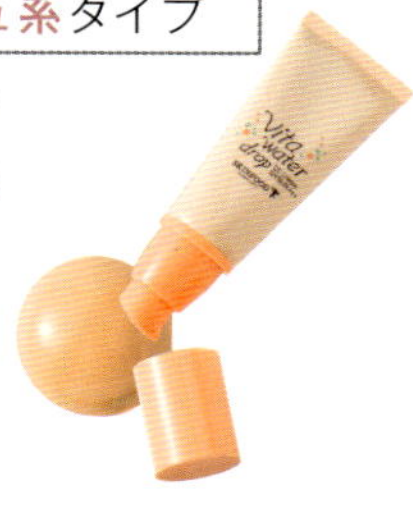

スキンフード ビタウォータードロップ CCクリームS／フードコスメ

保湿タイプ

高い保湿成分で吸いつくような肌を実現します

スウィーツスウィーツ エアーモイスチャライジングCC／シャンティ

※CCの意味は「COLOR CONTROL」や「COMPLETE CORRECTION」などブランドによってさまざまです。

CCクリームのつけ方
基本

1

両ほお・額・あごの4か所にのせ、のばす

両ほお、額、あごにパール1粒分ずつのせます。中指と薬指の腹を使い、ほおから斜め上方向に「外側へ」を意識してのばし広げます。

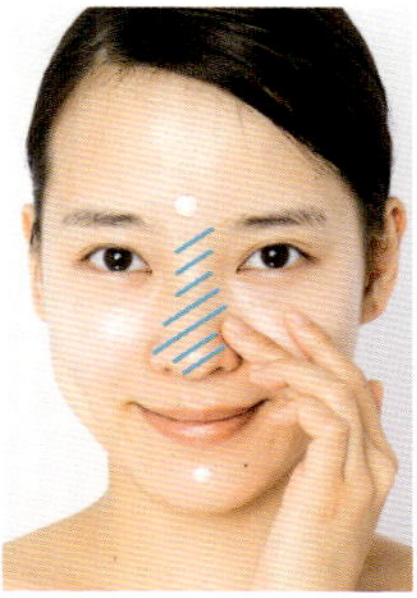

2

鼻筋部分と小鼻まわりにのばす

1でぬり広げた指に少量残ったクリームを小鼻まわりや鼻筋へのばします。小鼻まわりは中指で密着させるとヨレにくくなります。

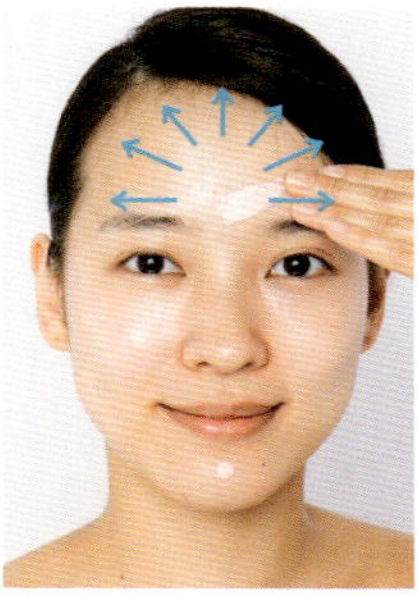

3

額から髪の生え際にのばす

額にのせたクリームを同じように中指と薬指で放射状に、下から上、内側から外側へ向かってムラなくのばしていきます。

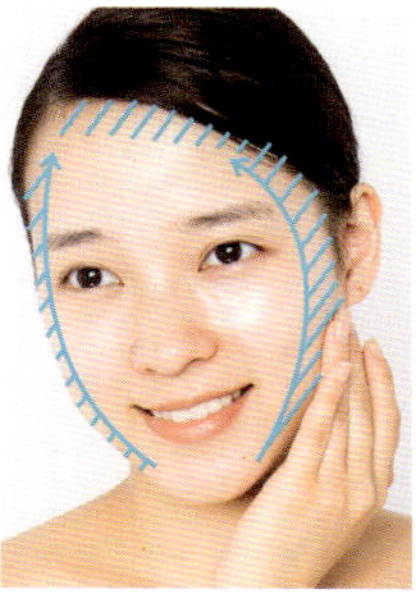

4

フェイスラインをのばし、なじませる

親指以外の4本の指で、髪の生え際や首との境目などのフェイスラインの少し内側から、外方向にクリームが薄くなるようにぼかします。

5

目元部分をのばす

主に薬指の腹を使い、目尻を起点に上まぶたと、下まぶたをそれぞれ目頭部分に向かってさするように薄くのばします。

6

あごまわりからほおをなじませる

あごのクリームを円を描くようにのばし、口角の下からはV字を描くように下から上にほおからフェイスラインに向かってのばします。

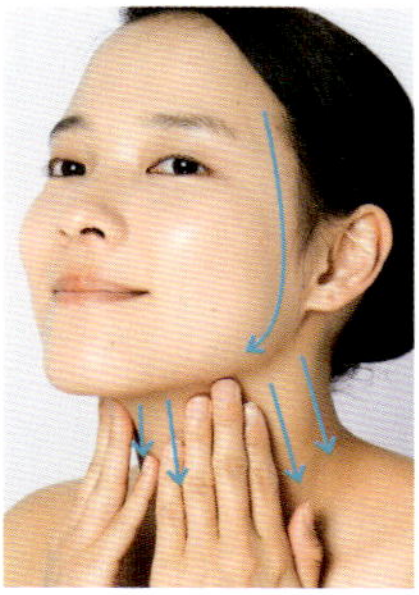

7

フェイスラインから首元をのばす

6の流れから、手のひら全体で顔まわりから首をさすり、顔と首の境目をなじませます。首も上から下に軽くのばします。

コントロールカラー

ニキビ跡・くすみ・青みなどの悩みに反対色をのせて補正する

「コントロールカラー」は、ニキビ跡やほおの赤み、クマや血行不良によるくすみ、口まわりなどの青ぐすみなど、肌の悩みに応じて、気になるトラブルとは反対の色を部分的にのせることでそれらの肌の色を補正する効果のあるアイテムです。色の選び方は下にある色の種類を参考にしましょう。基本的には気になる部分だけに薄くつけて使うものです。悩みがしっかりカバーできるように、指の腹を使って叩き込むようにのせるのがポイントです。

種類

赤みにイエローやグリーン、くすみにピンクやブルー、青みにオレンジ。範囲に合わせてテクスチャー選びを

ブルー

強い赤みをおさえて、澄んだ肌に

ナチュラグラッセ カラーコントロール ピュレBL(ブルー)/ネーチャーズウェイ

ピンク

血色がよくなり、くすみをカバーしてくれるタイプ

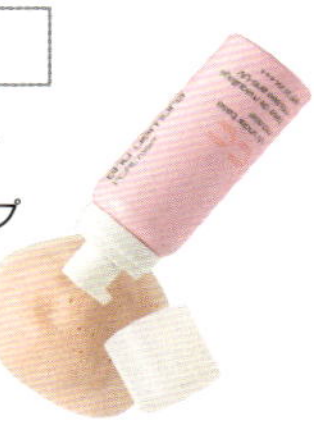

UV アンダーベース ムース CC/シュウ ウエムラ

イエロー

ニキビ跡や濃いクマの赤みを消します

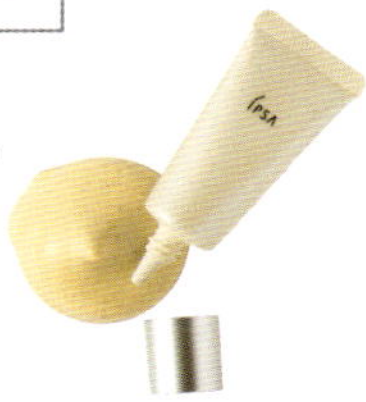

コントロールベイス(イエロー)/イプサ

オレンジ

CCクリームも部分的に使えば青み消しに

スウィーツスウィーツ エアーモイスチャライジングCC 03(ピーチ)/シャンティ

パープル

肌の赤み、黄み、くすみをカバーします

ナチュラグラッセ カラーコントロール ピュレVI(バイオレット)/ネーチャーズウェイ

グリーン

ほお、小鼻、下まぶたの赤みをカバー

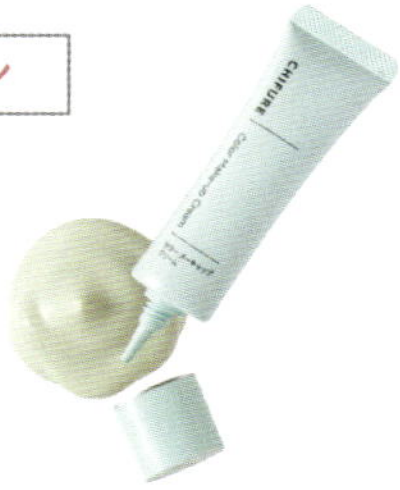

ちふれ カラーメーキャップクリーム(グリーン)/ちふれ化粧品

>>> 赤み・くすみを消す

ほおの塗り方を紹介。
ニキビ跡やクマは少量を叩き込んで

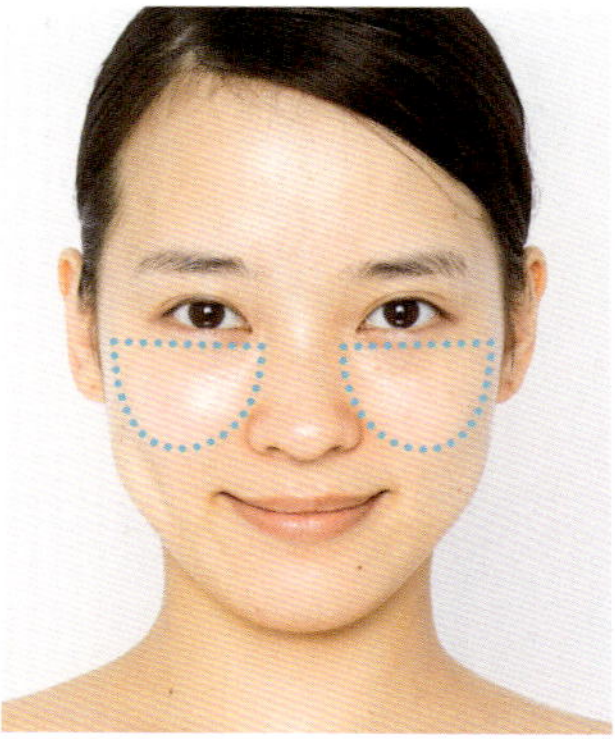

1 気になる部分に少量ずつおく

赤みが気になるほおには、ほおの高めの部分にのびるだけの分量をおき、クマ部分やほうれい線をはずしてのばします。

2 気になる部分を叩き込むようにぬる

中指と薬指の腹を使って、まわりの肌の色となじむように、赤みやくすみが気にならなくなるまで、ていねいに叩き込みます。

〔赤みを消す〕

イエロー

グリーン

〔くすみを消す〕

ピンク

ブルー

パープル

>>> 青ぐすみを消す

うぶ毛の剃り跡など
青みが気になる部分をカバーしましょう

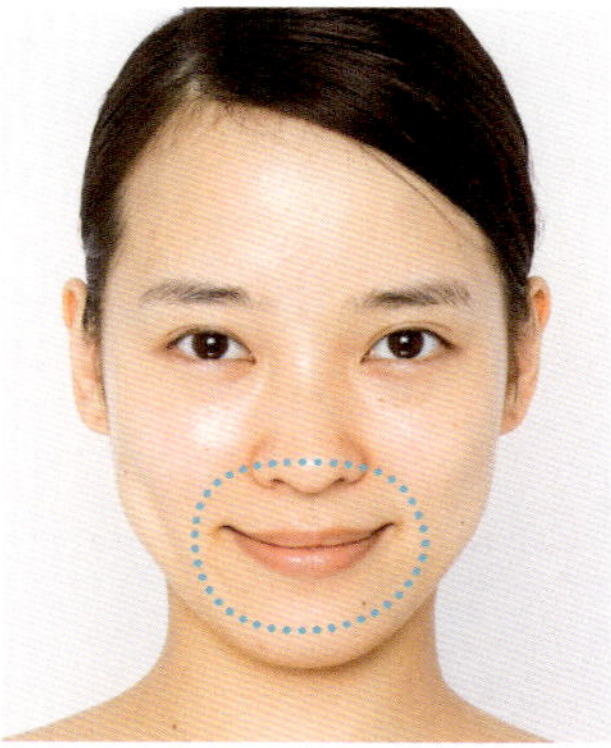

1 うぶ毛剃り跡などの青みが気になる部分におく

青ぐすみは、ほうれい線から口まわり、あご付近に出ることが多いので、この範囲を目安にコントロールカラーをおきます。

2 なじませながらのばしていく

ていねいにのばします。ほうれい線部分は少しだけほお側にもなじませると、明るく見えてほうれい線も薄く見えます。

オレンジ

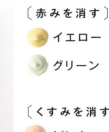

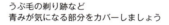

Part.2

リキッドファンデーション

乾燥肌の強い味方。立体感を出し、厚め薄めも自由自在

「リキッドファンデーション」は、パウダーファンデーションに比べて濃淡がつけやすく、薄づきからしっかり、ツヤ肌からハーフマットまで質感を変えられます。つけ方やアイテムとの組み合わせで、オフィスメイクやナチュラルメイクなど、さまざまなシーンに対応可能。一般的には油分が多めで普通肌から乾燥しやすい肌質の人に重宝するとされますが、最近では油分少なめのものも出ているので、脂性肌の人も含め肌質を選ばず使えるファンデーションです。

種類

テクスチャーの他に、油分量やカラーバリエーション、カバー力は色々。肌質や仕上がりで好みのものを選んで

ジュレタイプ

油分少なめでみずみずしく
すっきりした仕上がりに

エスプリーク　リキッドなのに ムラになりにくいファンデーション UV／コーセー

リキッドタイプ

油分が多く、つややかで
しっとりした仕上がりに

マキアージュ ドラマティックスキニーフィルムリキッド UV 全7色（SPF25・PA++）／資生堂

イエローベース

カラー：OC-405
オークル

カラー：ベージュオークル10

ブルーベース

カラー：PO-205
ピンクオークル

カラー：ピンクオークル10

>>> 色の選び方

自分のベースカラーを知り（P８参照）、さらに肌の明るさと首元の色を考慮して色選びをすると、仕上がりがさらに美しくなります

● イエローベースに合う色　　● ブルーベースに合う色

ヘルシーオークル　ライトオークル　ナチュラル　ピンクオークル　ピンクブライト

やや黄みが強いオークル系のカラーが合います。

標準色を基準として、❶黄み、または赤み・青みの強さ、❷肌の明るさのふたつの観点から選びます。
P10のチャートも参考にしてみましょう

やや赤みが入ったピンク系のカラーが合います。

Point

- 試すときは、フェイスラインのあごのあたりにのせて、首の色と違和感のないものを選びましょう。
- 体調が悪いと肌のトーンがわかりにくいので、体調がよいときに試しましょう。

※色の名前は、メーカーによって変わります。また、色名は本書内で色分けの便宜上のもので、一般的に使われる実際の色と発色や呼び方は異なりますので、注意してください

使う道具

ファンデーションブラシ

ファンデーションブラシを使うと、透明感やエアリー感を出すことができます

チャスティ　マイチャームファンデーションブラシ／シャンティ

スポンジ

細かいところまで塗りやすいスポンジ。初心者は五角形のスポンジがおすすめです

リキッドファンデーションのつけ方
基本

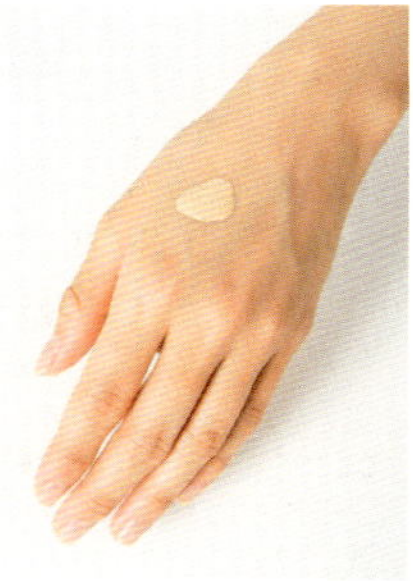

1
手の甲に半顔分の適量をのせる

半顔ずつつけます。まず、手の甲にパール1粒分ほどのファンデーションを出します。種類により適量が変わる場合はそれに従います。

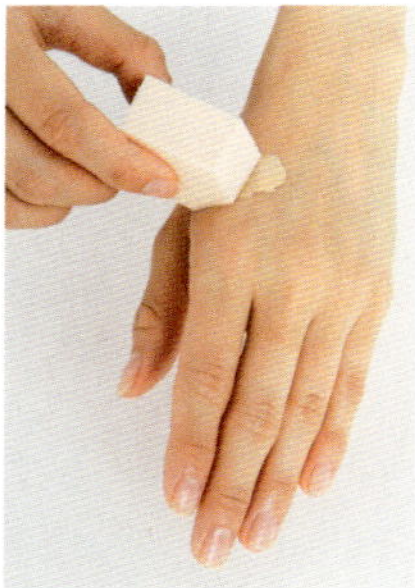

2
スポンジにファンデーションをとる

1のファンデーションを、スポンジになじませるようにとります。何度か叩いて手の甲にあるファンデーションを吸い込ませます。

3
いちばんしっかり塗りたいほおにおく

毛穴や赤みなど、肌トラブルが最も目につくほおの中心において叩き込み、しっかりとぬります。下から上、内側から外側を意識して。

※しっかりカバーしたいときは4でのばさず、ほお全体にしっかり叩き込みます。

4
外側に向かうようにのばす

叩き込んだあと、全体を薄づきにしたいときには、ほおからフェイスラインに向かってスポンジの横側を肌に密着させてのばします。

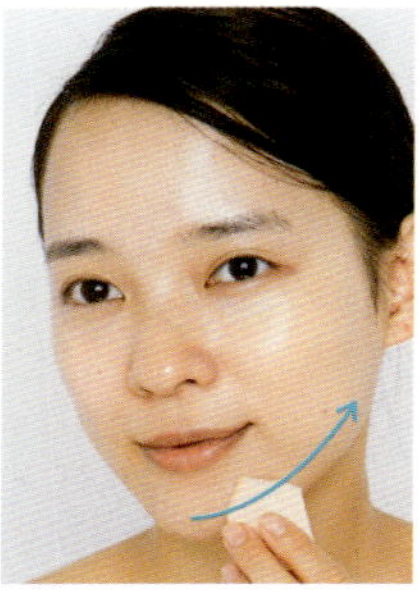

5
あごは上方向に向かってのばす

あごにスポンジを密着させ、斜め上方向に薄くのばしなじませます。ほおの部分よりは薄づきになるようにするのがコツ。

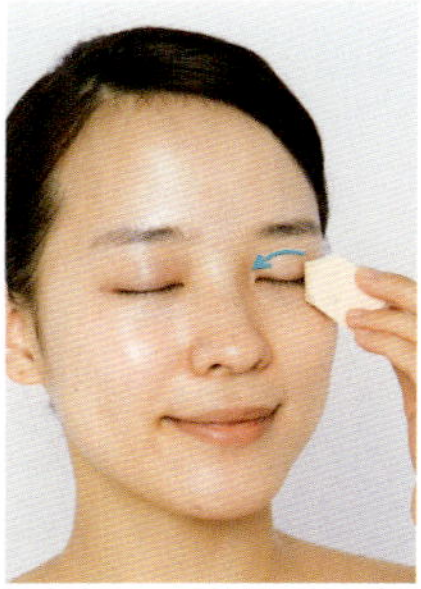

6
まぶた部分をのばす

目尻にスポンジの角を密着させ、目尻を起点にまぶたを目頭部分に向かって薄くのばします。アイホールからまつ毛のキワへ上から下にやさしくのばしても。

7
下まぶた部分をぬり、なじませる

目まわりのメイク崩れを防ぐため、目尻側から目のシワに対して垂直になるようにして目頭に向かってぬります。動きの多い部分なので薄くぬります。

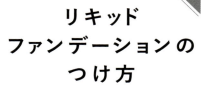

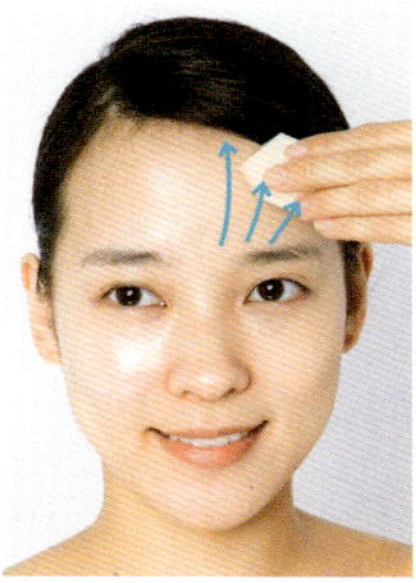

8

額部分をのばしていく

額の中心にスポンジを当て、放射状に、下から上、髪の生え際へ向かって薄くなっていくようにのばしていきます。

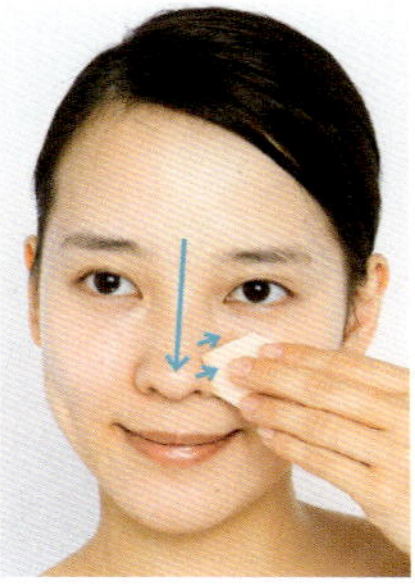

9

鼻部分にぬっていく

スポンジに少量残ったファンデーションを上から下へ、鼻筋へのばします。鼻筋からさらに小鼻まわりへのばします。

10

小鼻まわりに叩き込むようにぬる

小鼻横の赤みが出やすい部分はスポンジの角を使って叩き込むようにします。鼻の穴まわりの見えないところもきちんとぬります。

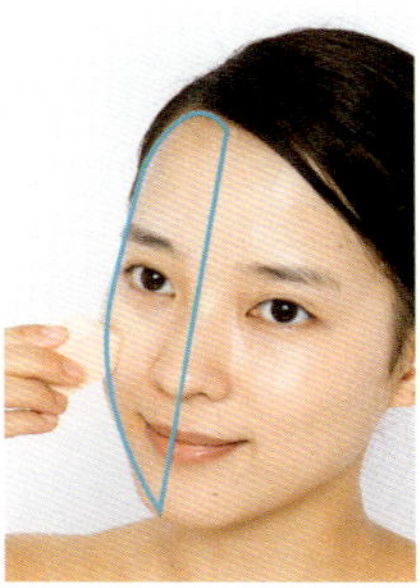

11

1～10のプロセスでもう半顔を仕上げる

顔のもう片方も同じプロセスでぬっていきます。顔中心はかぶるように気持ち大きめの範囲でぬるとなじませやすくなります。

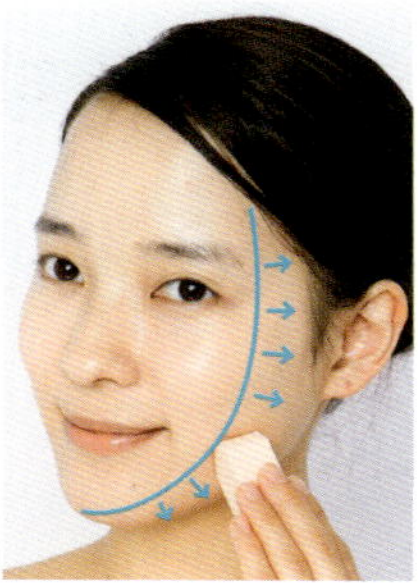

12

フェイスラインから首元を仕上げる

フェイスラインの少し内側からフェイスラインに向かって、スポンジを滑らせてグラデーションにすると首元との境目ができません。

13

ムラがないかチェックして完成

鏡で髪の生え際や首元の境目、ムラがないかなどをチェックして完成です。ツヤと立体感があり、肌のトーンも美しく仕上がりました。

Point

クリームファンデーションとリキッドファンデーションはどう違う?

「クリームファンデーション」はリキッドよりもカバー力が高く油分が多い傾向が強いファンデーションです。普通～乾燥肌でしっかりメイクをしたい人はクリーム、脂性肌やナチュラルメイクをしたい人はリキッドが向いています。つけ方はリキッドと同じです。

コフレドール プレミアムシルキィクリーミィファンデーション UV オークルC／カネボウ化粧品

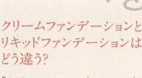

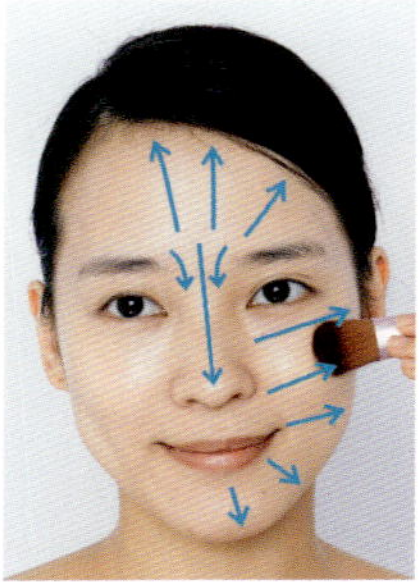

3

手早く顔半分にのばし広げる

毛先断面で「磨く」ようにこすりぬります。顔中心だけは色々な方向から、それ以外は内から外にぬります。目のキワもていねいに。

▼

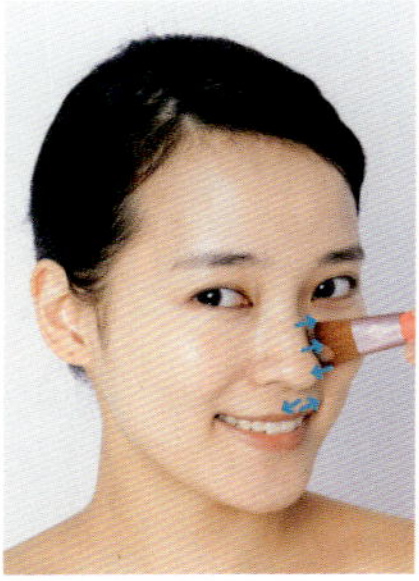

4

鼻・唇まわりをブラシを立てて塗る

小鼻まわりや唇のエッジまわりなど、凹凸のあるところはブラシを立てて、筆先の角などを使い細かく往復させながらぬっていきます。

▼

5

余分な油分をとり、もう半顔も仕上げる

ブラシのすじ残りをチェックし、残っていればのばします。油分が気になるときは軽くティッシュオフ。同様にもう半顔も仕上げます。

ブラシでつける場合

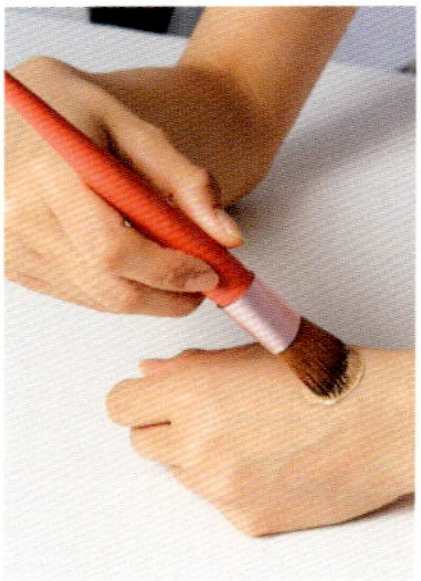

1

半顔分の適量をブラシに含ませる

手の甲に、パール１粒分ほどのファンデーションをおき、ブラシにつけます。

▼

2

余分なファンデーションをぬぐう

手の甲にのばしてすじが出るくらいを目安に余分なファンデーションをぬぐいます。つけ過ぎるとヨレの原因になります。

NG

×

すじが出ないほど濃くつけるのはＮＧ。厚ぬりになり過ぎます。

4

顔と首の境目をぼかす

あご付近に指の腹を当て、フェイスラインに沿って、耳下の方向へさすり、顔と首との境目をぼかします。

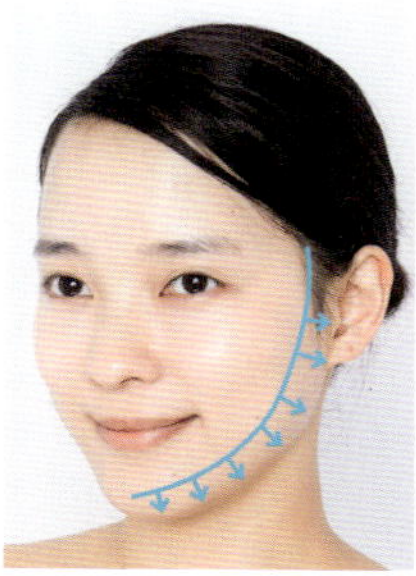

5

フェイスラインをなじませる

フェイスラインの少し内側からフェイスラインに向かって、髪の生え際まわりに不自然な境目がないかチェックしながらなじませます。

Point

ファンデーションは中央を濃いめにぬりましょう!

人の視線が集まる中央を濃いめにカバーすれば清潔感を演出できます。よく動く部分は薄づきにすると◎。

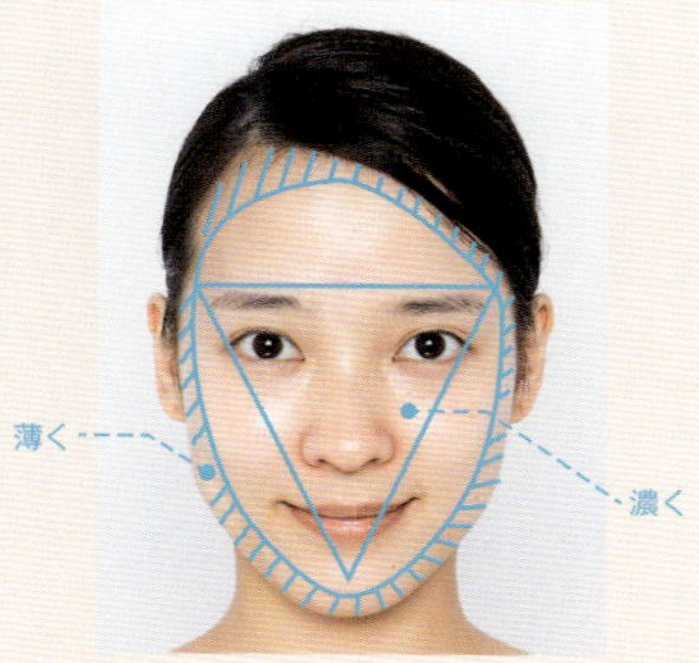

指・手のひらでつける場合

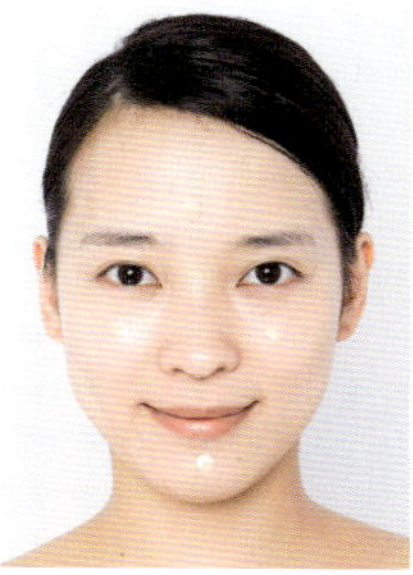

1

両ほお・額・あごの4か所にのせる

両方のほお、額、あごにパール半粒分ずつをのせます。手でつける場合は、両顔同時に塗っていくほうが、仕上がりが美しくなります。

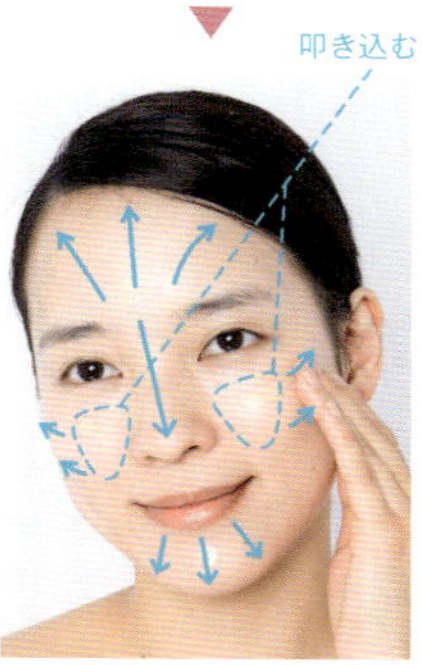

2

ほお中心は叩き込み、それ以外は外側へ

ほおの中心はしっかりと指の腹で叩き込みます。外側へ向かうにつれて薄くなるよう指を滑らせて全体にのばします。鼻筋は上から下へ。

3

目元をのばしていく

目尻から目頭に向かって上まぶたを、目頭から目の下を通って目尻へひとまわりし、さらに目の下を目頭へもう一度ぬり、往復します。

パウダーファンデーション

時短メイクや敏感肌の人のメイクに。均一に整った肌を演出

「パウダーファンデーション」は、フェイスパウダーでの仕上げが不要なので時短メイクにも使え、比較的低刺激で敏感肌の人にもやさしいものが多いです。カバー力は低めですがテカリや皮脂によるくすみを防ぐ効果が。セミマットからマット肌まで、オフィスやフォーマルの場面でも使いやすく、立体感というよりも肌トーンを均一にして、まとまり感を与えてくれます。つけ過ぎない、重ね過ぎないことが、粉うきや崩れを防ぎ自然に仕上げるポイントです。

>>> 色の選び方

基本的にはリキッドファンデーションと同様です。Ｐ８～10を参考にして、自分の肌に合ったものを選びましょう

● ブルーベース

赤みの強いカラーで
くすみをカバー

ちふれ UV バイ ケーキ 23ピンクオークル系／ちふれ化粧品

● イエローベース

黄みが強いオークルで
白うきを防ぐ

ちふれ UV バイ ケーキ 33オークル系／ちふれ化粧品

使う道具

スポンジ

リキッドと異なり、基本的には平たいスポンジを使います

パウダーファンデーションのつけ方
基本

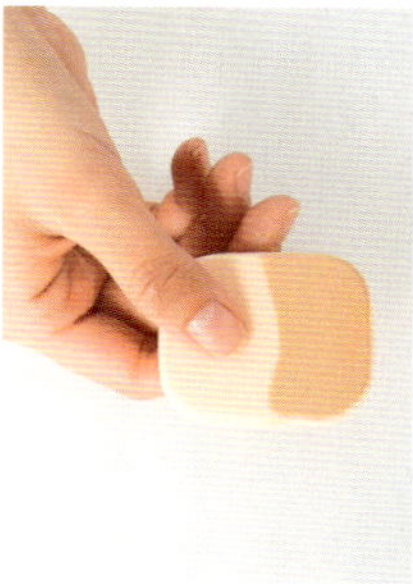

1
スポンジに半顔分の適量をのせる

半顔ずつ塗ります。まず適量（基本的にはスポンジ面積の半分にとった量）をとり、親指でスポンジをひとなでし、粉をならします。

▼

2
顔全体にのばしていく

ほお中心をはじめとして内側から「外側へ」を意識してぬります。ほお中心だけは往復してツヤを出し、額やあごはフェイスラインへ。

▼

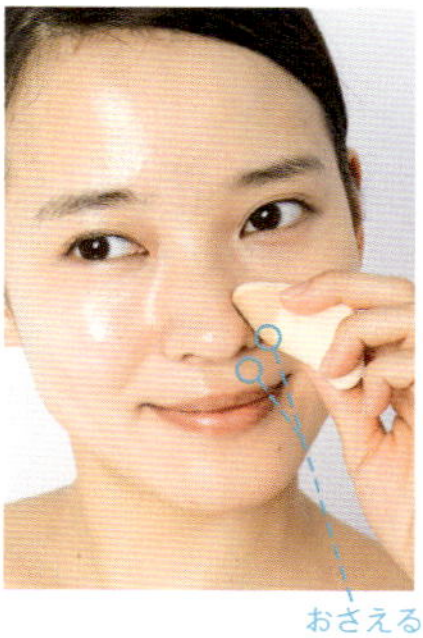

3
鼻・唇まわりはスポンジを折って塗る

小鼻まわりや唇のエッジまわりなど凹凸のあるところは人指し指を支点にしてスポンジを折り、人差し指で抑えるようにぬります。

4
ほうれい線部分は薄く引き上げるようにぬる

よく動くほうれい線は薄づきでよいので2、3でぬり終えたあとに、ほうれい線の内側からほおへ向かって引き上げるようにぬります。

▼

5
目元部分をのばしていく

主に人差し指をスポンジに当てるようにして使い、目尻を起点にまぶたと目の下をそれぞれ目頭部分に向かって薄くのばします。

▼

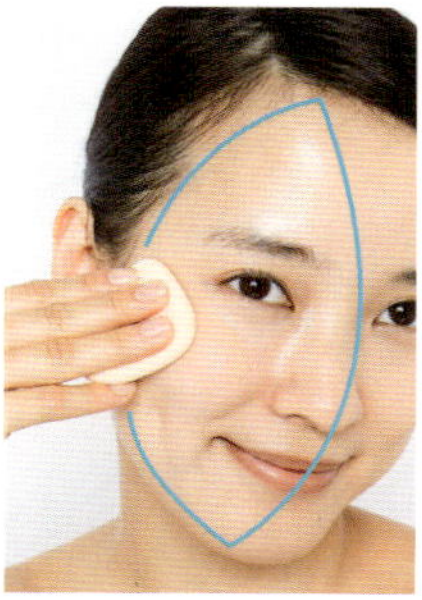

6
1～5のプロセスでもう半顔を仕上げる

顔のもう片方も同じプロセスでぬっていきます。顔中心はかぶるように気持ち大きめの範囲でぬるとなじませやすくなります。

▼

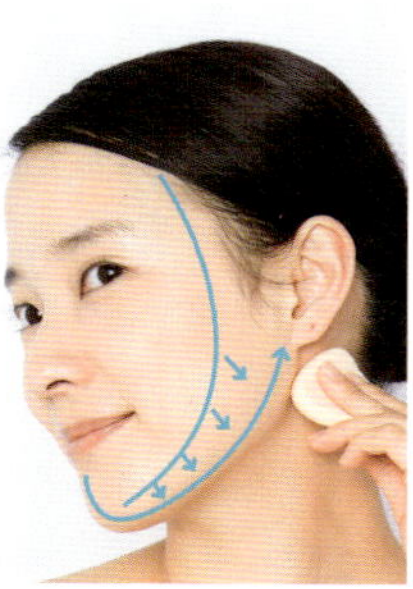

7
フェイスラインから首元を仕上げる

フェイスラインへ向かって、スポンジを滑らせたあと、耳下からあごを通り、逆側の耳下までスポンジでひとなでしてなじませます。

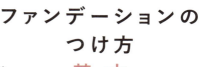

コンシーラー

平面的、立体的な部分悩みをカバーしてくれる救世主

「コンシーラー」は、ニキビ跡、シミ、シワ、クマ、毛穴、ほうれい線など、ファンデーションではカバーしきれなかった部分的なお悩みに対応できるアイテムです。コンシーラー＝厚ぬりになる、と思われることが多いですが、悩みによってコンシーラーの色やテクスチャーを使い分ければ、より自然に厚ぬりに見えないカバーが可能に。透明感のあるメイクやナチュラルメイクにこそ使いたいものです。取り入れる順番はP20〜21を参考にしましょう。

種類と色

色とテクスチャーで悩み別に使い分けられるよう、いくつかあると便利です

リキッド・筆タイプ

柔らかめのテクスチャーで動きやすい部分にフィット

エルビー デュアルコンシーラー／アイケイ（リキッドとスティックの2WAYタイプ）

スティック・ペンシルタイプ

しっかりとした硬さで動かない部分のシミや毛穴、ニキビ跡をカバー

マキアージュ コンシーラースティック EX 全3色（SPF25・PA++）／資生堂

クリーム・パレットタイプ

程よい硬さとブレンドのしやすさで、広い用途に使えます

クリエイティブコンシーラー／イプサ

オレンジ

クマなど黒や青っぽく見えるくすみを肌の色みに戻してくれる

キャンメイク カラースティック 07 アプリコット／井田ラボラトリーズ

イエロー

ニキビ跡やクマなど赤みや茶色っぽいくすみに効く

キャンメイク カラースティック 08 イエローゴールド／井田ラボラトリーズ

>>> ニキビ跡を消す

使うのはコレ!

ニキビ跡の赤みにはイエローでカバー。凹凸がある場合は、クリームタイプを

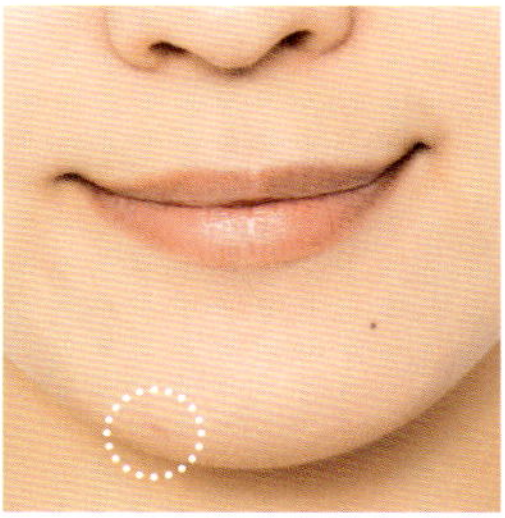

1 ニキビ跡の赤みにはイエローを

ニキビ跡の赤みにイエローが効果的。動かない場所は硬め、動きやすいところや凹凸があるものにはクリームタイプのものを使います。

2 ニキビ跡よりもやや大きくのせる

コンシーラーを、ニキビ跡より少しだけオーバーめにのせます。

3 オーバーしたところをなじませる

ニキビ跡の上ではなく、ニキビ跡よりオーバーしたコンシーラーのまわりを指で軽く叩き、なじませます。やり過ぎないのがコツ。

>>> ほおのシミを消す

使うのはコレ!

筋肉の動きが少ないほおにはファンデーションと同じ色の硬めのものを使用

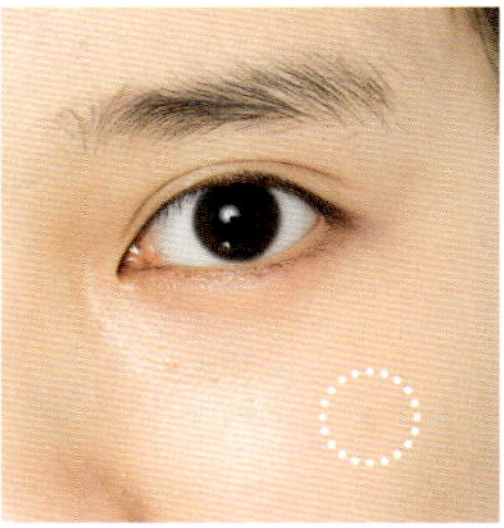

1 動きが少ない部分のシミは硬めのもので

目まわりを外れた、動きの少ないほおのシミは、肌の色・ファンデーションと同じ色の硬めコンシーラー(ペンシル部分)を使います。

2 シミが見えなくなるまでぬる

ペンシルを直接シミ部分にぬります。濃さはシミが見えなくなればOKです。シミより少しだけ広い範囲にぬります。

3 シミの外周を手でなじませる

シミの外周と肌の境目が見えるとシミが目立つので、シミ外周よりさらに外周のコンシーラーを指でなじませます。なじませ過ぎはNG。

>>> 青クマ・茶クマを消す

使うのはコレ!

イエローの硬めのテクスチャーのものを使います

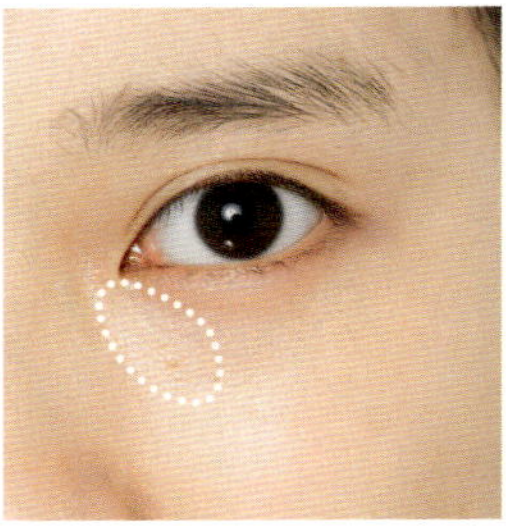

1 硬めのオレンジ色のものでカバー

目頭からうっ血したようにクマができています。肌色に近く明るさも出ししっかりカバーできるオレンジで硬めのものを使います。

2 目頭から大胆にクマをなぞる

直接、コンシーラーでクマ部分をなぞるようにぬります。ブラシを使いていねいに消す方法もありますが、この方法は時短にもなり、おすすめ。

3 クマ部分ではなく周囲をなじませる

指の先を使って、クマそのもののラインではなく、コンシーラーの外側を肌となじませます。なじませ過ぎるとイタチごっこになるので注意。

>>> 目の小じわを目立たなくする

使うのはコレ!

ペンシル、またはクリームタイプのオレンジ色をチョイス

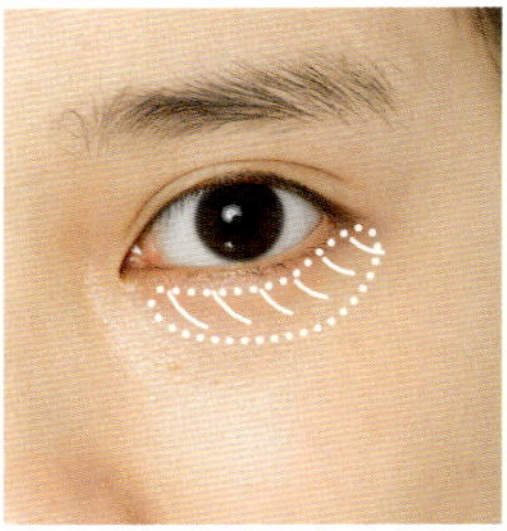

1 オレンジで硬めのコンシーラーを

目頭側から目尻側へ流れるようにできる小じわには、くすみにも効くオレンジめでしっかりカバーできるやや硬めのものを使います。

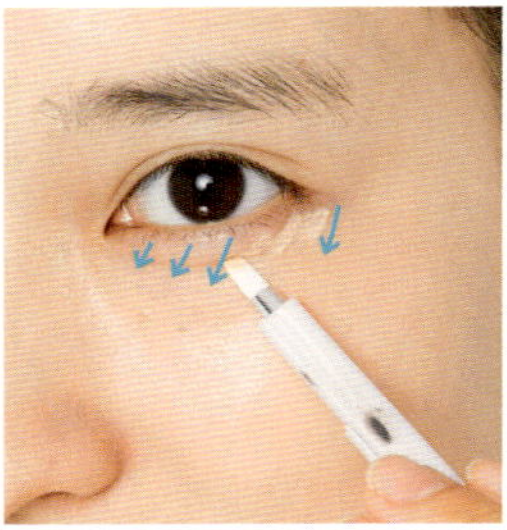

2 シワと垂直になるように入れ込む

できているシワと、ぬるコンシーラーで「×」を描くように、シワに向かって垂直にぬり、シワにしっかり入れ込みます。

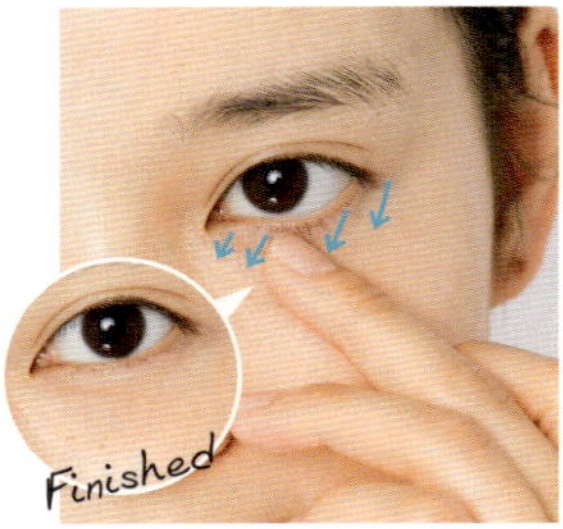

3 指の先でなじませる

2でぬったコンシーラーを指でならします。指もシワに向かって垂直に、シワに入ったすじが自然になるまでなじませます。

>>> ほうれい線を目立たなくする

使うのはコレ！

肌よりもワントーン明るいリキッドタイプを

スウィーツスウィーツ ブラッシュオンブライト CC 01 ライト／シャンティ

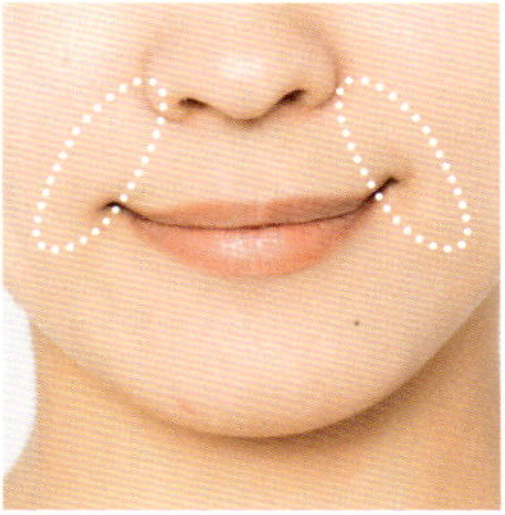

1 肌より明るい柔らか筆ペンが◎

ほうれい線は頬のたるみによってできる影とシワが原因。肌より1～2段階明るくストレッチ効果のあるリキッドタイプがおすすめです。

2 ほうれい線に対して垂直にぬる

ほうれい線を境に、ほお側と口まわり側を縫い合わせるイメージで、ほうれい線に対して垂直にコンシーラーをおきます。

3 指でなじませる

ほうれい線を中心に、ほお下の影を確認しながらのばしていきます。仕上げに口まわり側の肌色ともなじむよう、指で軽く叩き込みます。

>>> 毛穴を目立たなくする

使うのはコレ！

肌やファンデーションの色と合わせた硬めのものを使用します

1 肌の色に合わせたコンシーラーをぬる

ほお中心はしっかりとカバーしたいところ。硬めのコンシーラーを円を描くようにして、毛穴が気になるほおの部分にぬり込みます。

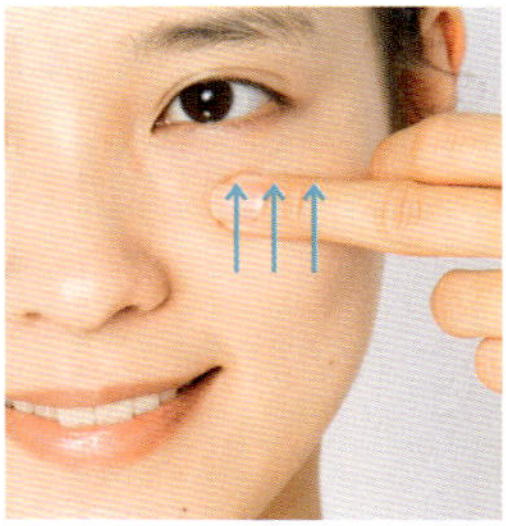

2 指で下から上へなじませる

毛穴が開くときは上から下に向かって開くため、下から入れ込むように上へ向かって、指でぬり広げながら、まわりの肌となじませます。

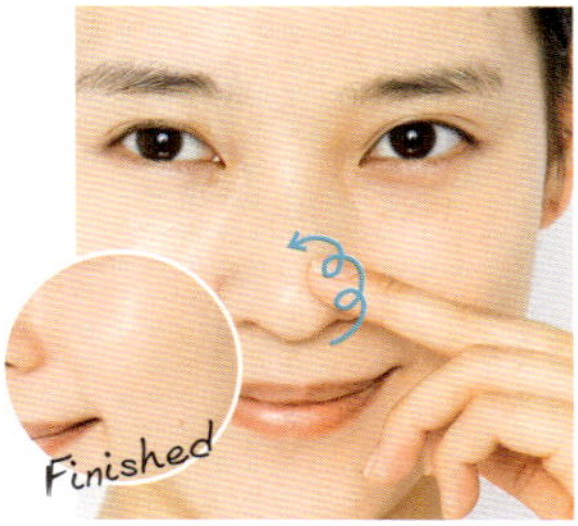

3 鼻まわりはくるくると

鼻まわりは丸く毛穴が開くので、円を描くようにコンシーラーをつけ、小鼻のまわりにたまらないように指先で円を描きながらのばします。

Part.2

BBクリーム

敏感肌もOK! 保護クリームとして作られた高機能ベース

「BBクリーム」は、元々は皮膚科で、治療後UVケアとメイクをしなければならない患者向けに作られたベースクリームです。日焼け止め、化粧下地、ファンデーション、コンシーラーなどがこれひとつで済み、しっかりしたカバー力も併せ持ちます。BBクリームをぬったあとにフェイスパウダーを重ねれば、よほどのフォーマルな場所でない限り、幅広いシーンでのベースメイクがかないます。

肌になじむ色のついたクリームタイプ。リキッドファンデーション機能まで兼ね備えています

ナノーチェ　BBクリーム　ナチュラルオークル／石澤研究所

種類　比較的誰にでもなじみやすい肌色が基本色。スキンケア効果やSPF値、カバー力別で選べます

美容液ベースタイプ

美容成分配合で、肌ケアしながら透明感アップ

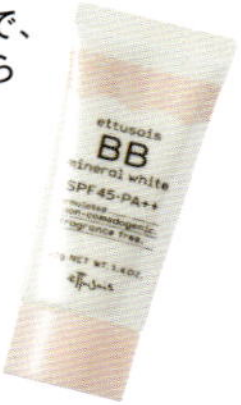

BBミネラルホワイト／エテュセ

高保湿タイプ

保湿成分が多く化粧崩れがしにくいのが特徴

ちふれ BBクリーム 全3色／ちふれ化粧品

高SPFタイプ

ウォータープルーフなら、夏も安心！

モイストラボ BBエッセンスクリーム／明色化粧品

BBクリームのつけ方
基本

1

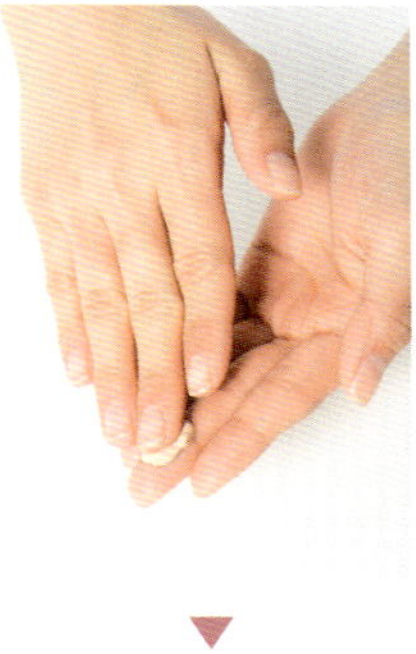

適量を手の指先につける

両顔分の適量を指先に出し両手の人差し指、中指、薬指で半分ずつになじませます。時短希望なら手のひらに出し、両手のひらでぬっても。

2

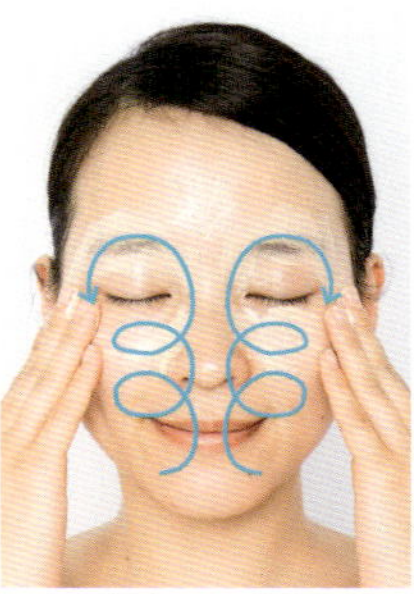

ほおにのせ、のばしていく

BBクリームをなじませた両手の指をあごに当て、らせんを描くように顔の外側へ向かって顔全体にざっくりとぬり広げていきます。

3

目まわりをぐるぐるとぬる

全体にぬったら、ほおの中心に指を戻し、目頭からまぶた、眉の上、こめかみ、目尻を通って目まわりをぐるりとぬります。

4

ほおとあご、鼻部分をのばす

額の中心からこめかみにかけて、らせんを描きながら額全体をぬり、鼻筋、小鼻までのばします。あご先から耳下へ向かっても同様に。

5

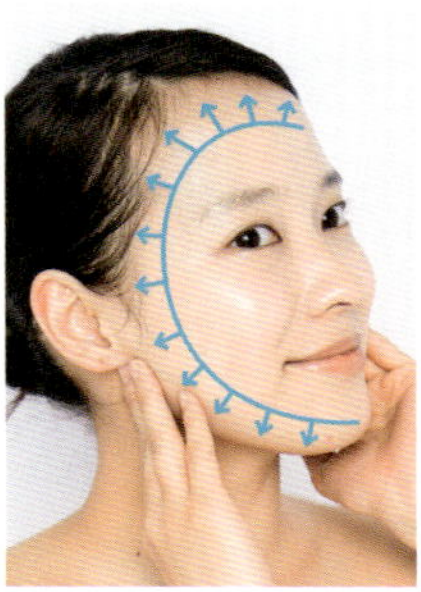

顔の内側からフェイスラインへ

髪の生え際や首との境目など、フェイスラインの少し内側から、外側に向かってBBクリームが薄くなっていくようにぼかします。

6

ぬりムラがないか確認して完成

全体を確認し、ムラをのばします。リキッドファンデーションとの違いは立体感。BBクリームは全体が均一でカバー力も高め。

Part.2

フェイスパウダー

テカリやメイク崩れを防ぎ、シフォンのようなキメの整った肌に

「フェイスパウダー」は基本的にパウダーファンデーション以外のベースメイクアイテムを使用したときの仕上げに使うものです。テカリをおさえ、メイク崩れを防ぎ、肌のキメを整えて見せてくれます。ツヤをおさえてきちんと感を出したいときやメイク直しなどにも便利なので、ひとつは持っておきたいアイテムです。大きく分けて、パクトに型押しされたプレストタイプと、ジャーに入り、さらさらとした粉状のルースタイプがあります。

種類と色

粉の濃淡や色み、仕上がりなどファンデーションとの相性で選びましょう

ルースタイプ

ふんわりと肌に粉がのり、ベール効果を発揮してくれます

パルガントン ミネラルルースパウダー Bベージュ／ドド・ジャパン

プレストタイプ

粉飛びしないのが特徴。パクト型なので携帯にも便利です

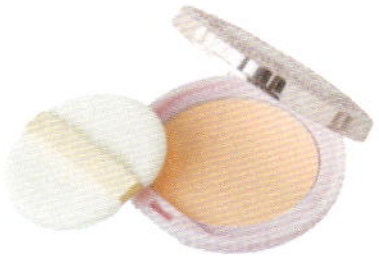

キャンメイク トランスペアレントフィニッシュパウダー／井田ラボラトリーズ

パープルカラー

くすみや黄みをカバーし、透明感ある肌に仕上げます

デュアルフィット プレスド パウダーレフィル&コンパクトケース（カラー：ライトパープル）／シュウ ウエムラ

ルーセントカラー

肌に色がつかないタイプ。どんなファンデーションにも合う万能カラー

ナーズ ライトリフレクティングセッティングパウダー ルース／ナーズ ジャパン

フェイスパウダーのつけ方 基本

>>> ブラシの場合

ブラシでふんわりとやわらかい肌に仕上がります

ナーズ パウダーブラシ #10／ナーズ ジャパン

1

ブラシにパウダーを含ませる

蓋などにフェイスパウダーをとり、クルクルと円を描くようにブラシを動かしてブラシの中に粉を含ませます。

▼

2

顔の内側から外側へのせていく

円を描くようにブラシを動かしながら、顔の内側から外側へ向かって全体にのせます。ブラシを立てて肌を磨くようなイメージで。

▼

3

敏感肌はブラシを寝かせた側面で

ブラシの断面の肌当たりが気になる敏感肌の人は、ブラシの側面にパウダーをつけ、ブラシを転がしてつけると摩擦が少なくなります。

>>> パフの場合

しっかりと肌の油分をおさえ、マットな肌に

ブランキーパフL／ロージーローザ

1

パフにパウダーをつけ、もみ込む

パフにフェイスパウダーをつけ両手でパフの中に粉が行き渡るようにしっかりともみ込み、パフの表面をトントンと払います。

▼

2

顔の内側から外側へおさえていく

パフは滑らせず叩かず、肌の感触を確かめるように肌に当て、おさえながらパフの端から端を使って転がすように移動。

▼

3

細かい部分はパフを折って

小鼻や唇まわりなど、細かい部分はパフでおさえます。パフは折り、折った間に指を入れておさえるように持ちます。

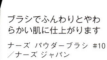

Column

★ ★ ★

悩みを解消するハイライト&ローライト

ハイライト&ローライトは、顔に立体感が生まれるアイテム。
上手に味方につけることで、なりたい顔により近づけます。

顔に凹凸がほしい、小顔になりたい…などの願いをかなえてくれる

より顔に立体感がほしいときに役立つのが「ハイライト」と「ローライト(シェーディング)」です。ハイライトは高く、広く、大きくみせたいところに入れます。色は肌の色よりも明るめのベージュやオークル、またはホワイトにします。パール入りのものを使うと、透明感がアップします。ローライトはその逆で、低く、狭く、小さく見せたいところに入れます。自分の肌よりも1～2トーン暗いブラウンを使いましょう。輪郭のお悩み別の入れ方はP108～111も参照にしてください。

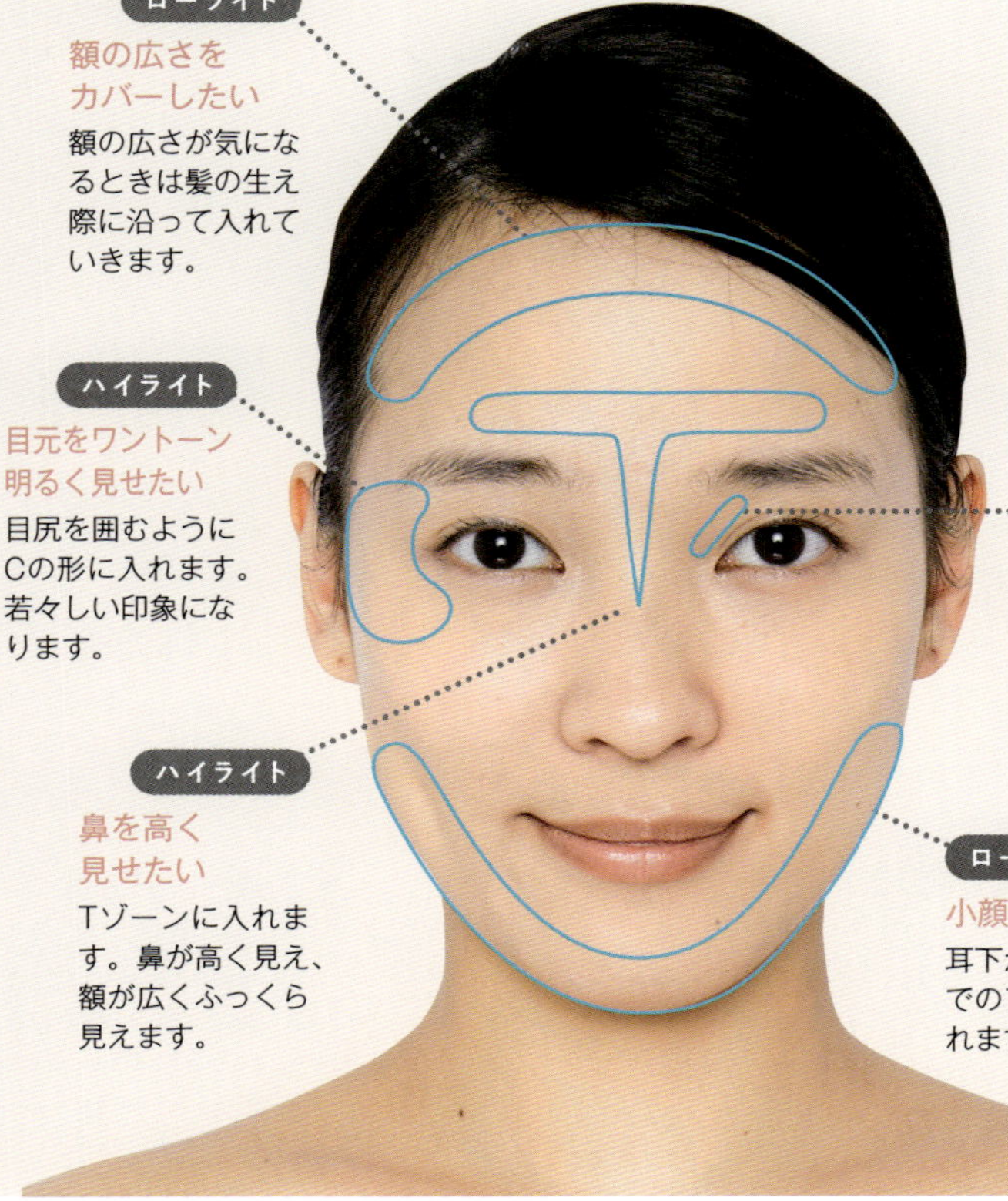
ローライト
額の広さをカバーしたい
額の広さが気になるときは髪の生え際に沿って入れていきます。
ハイライト
目元をワントーン明るく見せたい
目尻を囲むようにCの形に入れます。若々しい印象になります。
ハイライト
鼻を高く見せたい
Tゾーンに入れます。鼻が高く見え、額が広くふっくら見えます。
ローライト
ホリを深くしたい
目頭の凹みに濃く入れ、鼻に向かってグラデーションを作ります。
ローライト
小顔に見せたい
耳下から反対側の耳下までのフェイスラインに入れます。エラもカバー。

＼使うのはコレ!／

ハイライト

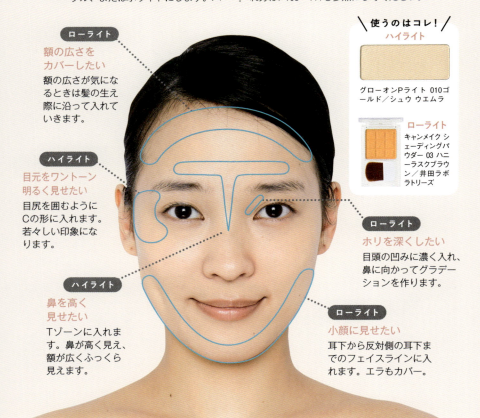

グローオンPライト 010ゴールド／シュウ ウエムラ

ローライト

キャンメイク シェーディングパウダー 03 ハニーラスクブラウン／井田ラボラトリーズ

Part.3

メイクの印象をがらりと変える

ポイントメイクの基本と応用

目の印象が決まるアイメイクや、顔全体のイメージを左右する眉毛など、パーツ別のポイントメイクを学びましょう。基本がマスターできると自分で応用ができるようになります。

Part.3

ポイントメイクの基本

顔全体の印象を決める重要なパーツのメイク。全体バランスを常に意識

ベースメイクが成功したら、いよいよ、眉や目、ほお、唇に色をのせていくポイントメイクにとりかかりましょう。ポイントメイクは、性格を推測させる「眉」や、目の大きさ・目力の強さを決める「アイメイク」、色や入れ方のラインで顔の大きさや顔型カバーが期待できる「チーク」、言葉が語られる大切な器官である「唇」と、それぞれのパーツメイクには大切なポイントがあります。

ただ、すべてを“頑張る”必要はありません。常に顔全体や着る服とのバランスを考えながら、自分の持つよい素質の部分をより強調したり、足りないところを色選びや質感を工夫してカバーしたり、強過ぎるところはアイテムやプロセスを省いたりして、ときには引き算もしながらメイクしていくとよいでしょう。基本プロセスですべてのパターンをおさえておけば、組み合わせ次第でどんどんアレンジは広がっていきます。眉の形ひとつ、チークの入れ方ひとつで、顔の印象がずいぶん変わることをまずは知ってください。

覚えておきたいポイントメイクのコツ

●自分の顔の個性を大切にする

普段は好きなところよりも嫌なところばかり目につくものですが、他人にとってはチャームポイントになるかも。カバーするのではなくさらにアピールするメイクを一度してみたら新しい自分が見つかるかもしれません。

●眉毛やアイラインは苦手なほうから描く

眉や目はそれだけで完成されたパーツです。眉の高さや二重の幅が違ったりして、描きやすいほう、好きなほうがありますが、左右対称に仕上げたいなら得意なほうに合わせるように苦手なほうから描いてみて。

●大人のつけまつ毛やカラコンはやり過ぎない

目元の若返りや目力をつけたいときに頼りたいアイテム。20代半ばになったらつけまつ毛はボリュームや長さ控えめカラコンは色みや直径をおさえめにチェンジ。オフィシャルな場面では盛り過ぎず、ギャップの小さい美しさで。

ポイントメイクのプロセス

基本的には上から順番に仕上げていきます。眉から先に仕上げることで、
全体の顔のバランスがとりやすくなります。

眉

- 眉を整える
  ➡P50
- 眉を描く
  ➡P48〜

目

- アイシャドウをぬる
  ➡P56〜
- アイラインを引く
  ➡P62〜
- ビューラーでまつ毛を上げてマスカラをぬる
  ➡P66〜
- つけまつ毛をつける
  ➡P70〜

ほお

- チークをのせる
  ➡P72〜

唇

- リップをぬる
  ➡P78〜
- グロスをぬる
  ➡P81

Part.3

アイブロウ（眉）

顔のイメージやフレームが決まる大切なパーツ。立体感を意識して

「アイブロウ（眉）」は、眉頭の位置や形、太さ、長さ、目との距離などでさまざまな変化をとげるパーツです。左ページのように、眉ひとつで性格や雰囲気を印象づけることになります。とはいえ、眉が主役になることはあまりありません。より自然な眉を描くためのポイントは、アイブロウの色を瞳や髪と合わせることと、立体感を大切にすることです。眉頭から眉尻までを均一な濃さで描かず、本来の眉のように薄いところ、濃いところを作るように描くとよいでしょう。

種類と色

主にパウダーとペンシルのタイプがあります。眉の濃さやイメージに合わせて選びましょう

パウダー&クリームタイプ

ある程度毛量がある人はパウダーで自然に。クリームは毛がない部分に描き足してもナチュラルな仕上がりになります

ペンシルタイプ

しっかり見せたいときに。消えにくいのが特徴。平たい形のものや、くり出しタイプなど種類もさまざま

イエローベース

コフレドール ブロウメイクコンパクト BR-41 明るくやさしい印象の黄みブラウン／カネボウ化粧品

キャンメイク パウダリーブロウペンシル 03 シナモンブラウン／井田ラボラトリーズ

ブルーベース

コフレドール ブロウメイクコンパクト BR-40 ナチュラルな印象の赤みブラウン／カネボウ化粧品

キャンメイク パウダリーブロウペンシル 02 マロンブラウン／井田ラボラトリーズ

>>> 眉山・眉頭の見つけ方

眉頭

目頭から上にのばした延長線上よりも5mmくらい鼻側に入れるのが基準です。

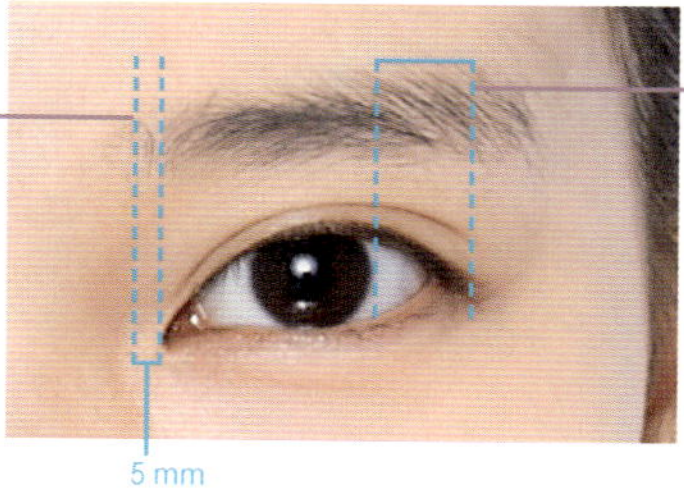

眉山

黒目の内側の端から上にのばした延長線上と、目尻から上にのばした延長線上にあるのが基準です。

>>> 眉と眉の距離による印象の違い

離れている

近い

目頭から上にのばした位置から眉頭を「離して」描くと、柔らかくのんびりと優しいイメージに。目頭から上にのばした位置から眉頭を鼻寄りに近づけぎみに描くと、しっかり意志のある求心的なイメージに見えます。

>>> 眉の太さによる印象の違い

細い

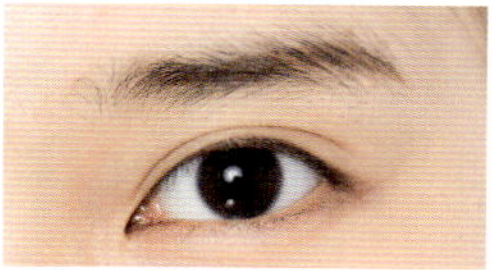

太い

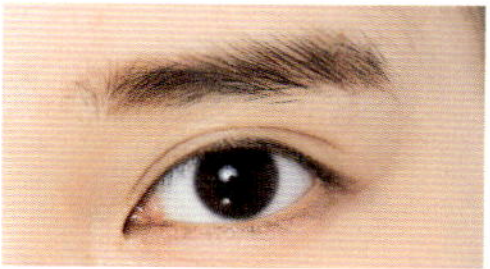

眉が細いと、女性らしくエレガントなイメージに見え、太めだと野性的でナチュラルなイメージです。また、眉と目が近づくほど若々しく見えます。

眉の描き方
基本

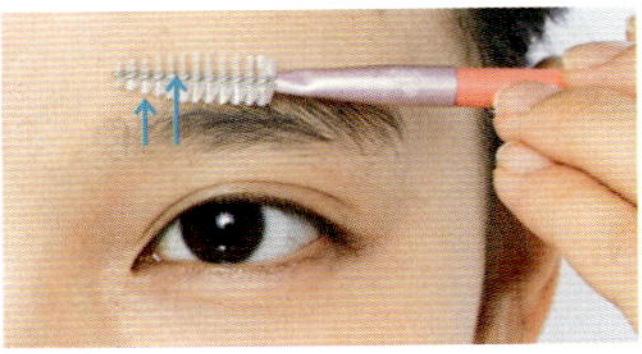

1

眉頭は下から上にとかし上げる

まずは眉を整えます。スクリューブラシを使って、眉頭部分を下から上にとかし上げます。毛のからまりをとることでより美しく処理できます。

▼

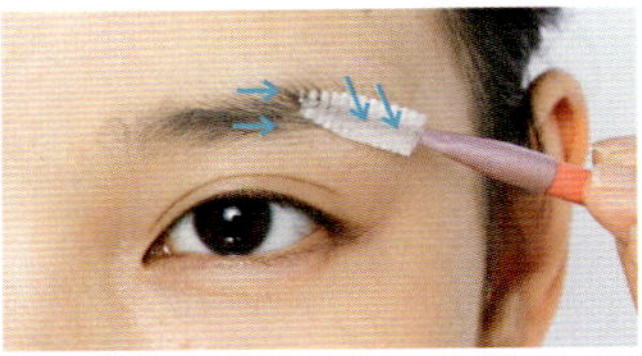

2

眉中心から眉尻は横、下にとかす

眉頭より外側の毛は、毛流れに沿って横、眉尻側は下に向かってとかします。眉の長さや太さ、ムダ毛をチェックします。

▼

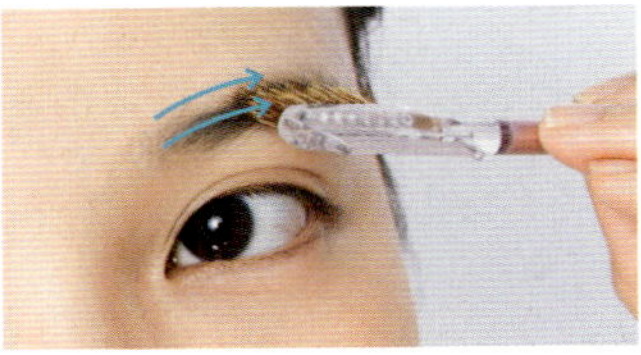

3

眉ブラシでとかし毛流れを作る

コームと一体になった眉ブラシで、眉頭から眉尻まで全体をとかし、全体の長さから飛び出る毛があればその毛をカットしていきます。

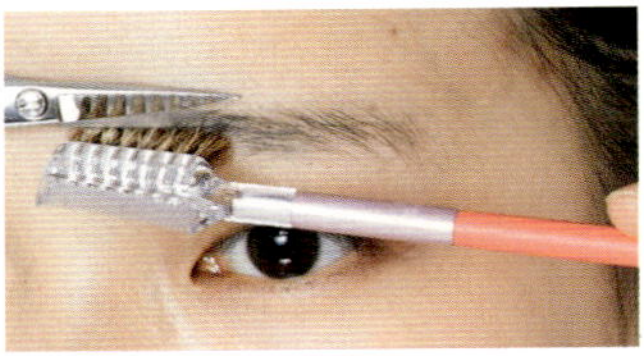

4

眉頭のはみ出た毛をカットする

整え過ぎず、より自然に仕上げるため、ブラシを眉頭上のフレームに合わせてブラシからはみ出た長い毛だけをカットします。

▼

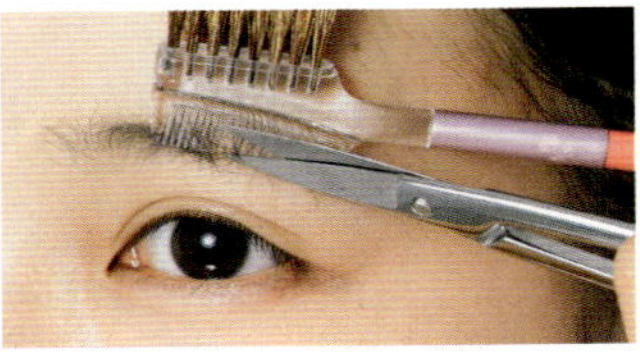

5

眉頭以外をカットする

眉頭以外は、コームを上から下に向かってとかしながら当て、眉全体の太さのフレームからはみ出た長い毛だけをカットします。

▼

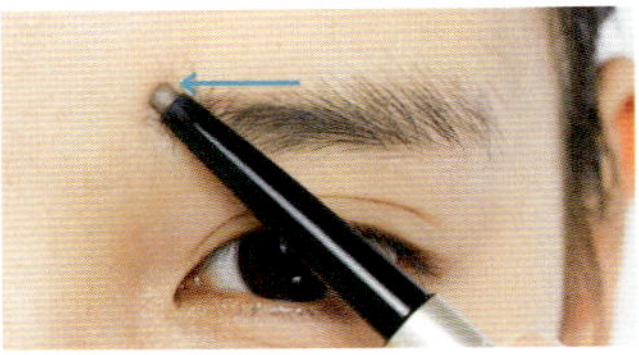

6

眉頭より外側の上ラインから眉を描く

眉を描きます。眉頭から眉尻方向に描くと立体感がなくなるので、毛が密集するところの5mmほど外側から、まず上ラインを眉頭方向に描きます。

▼

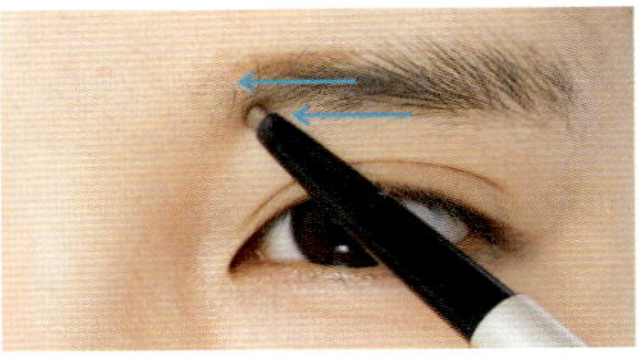

7

眉頭よりやや外側の下ラインを描く

自眉の太さのフレームに合わせ、今度は下ラインを6と同様に少し外側から眉頭方向に描きます。上下ラインの間も埋めるように描きましょう。

8

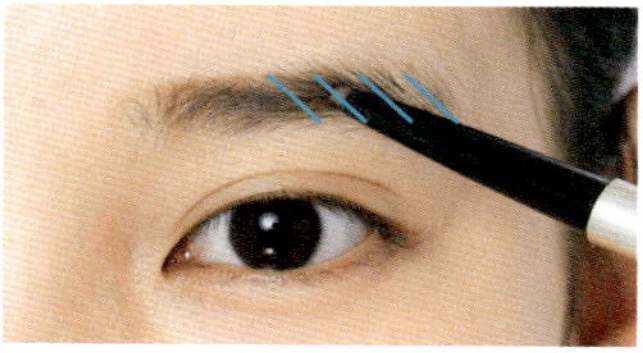

まばらな部分は毛のように１本ずつ描く

眉毛がまばらな部分は、ペンシルを立てて上から下に自眉の毛流れに沿って１本ずつ描きましょう。そうすることで眉に立体感が出ます。

▼

9

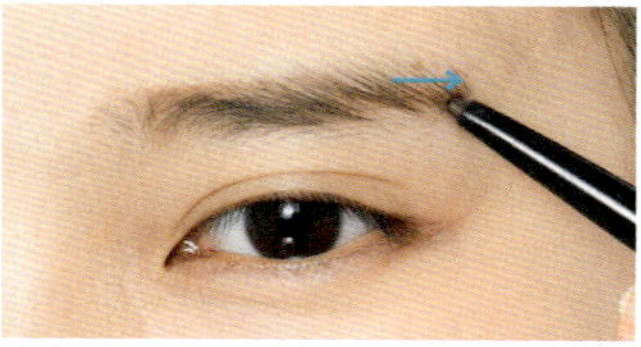

眉山から眉尻は自然に収束させる

眉山から眉尻は、眉尻に向かって薄く、細く描いていくと自然です。眉尻の高さは眉頭よりやや上にあるのがナチュラルです。

10

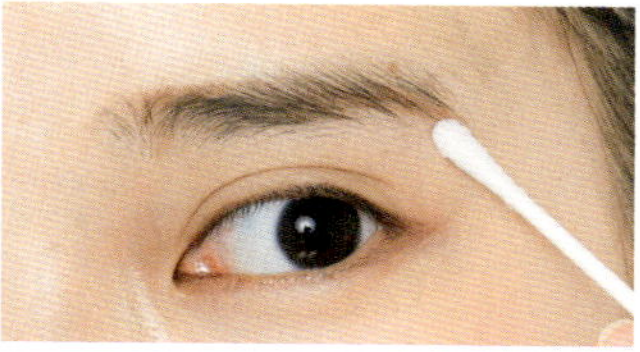

はみ出たら綿棒でリペア

濃すぎる、太すぎる、線ががたつく……などといった部分があれば綿棒を使ってぼかすか、拭きとってペンシルで描き足します。

▼

11

好感度高めの眉が完成

眉頭を目頭よりやや内側に入れ、眉間距離も標準的な眉の完成です。太さも自眉を生かした自然な基本眉です。

Point

手首を返さずに描くと、ペンシル類が立ってしまい失敗しがち。

手首を顔の内側に返すようにしてペンシル類を持ち、動かします。

利き手じゃないほうはペンを立てがち。寝かせると上手に描ける！

利き手でないほうの眉は、利き手から遠くなるので、手の角度的にペンシル類を立てて描きがち。手首を返して寝かせると、柔らかく描けるので、きれいに仕上がります。

眉の描き方 応用

若々しく 眉と目を近く

目がより印象的に若々しく、はっきりと見えます

黒目が大きく見え、目がぱっちり見えます！

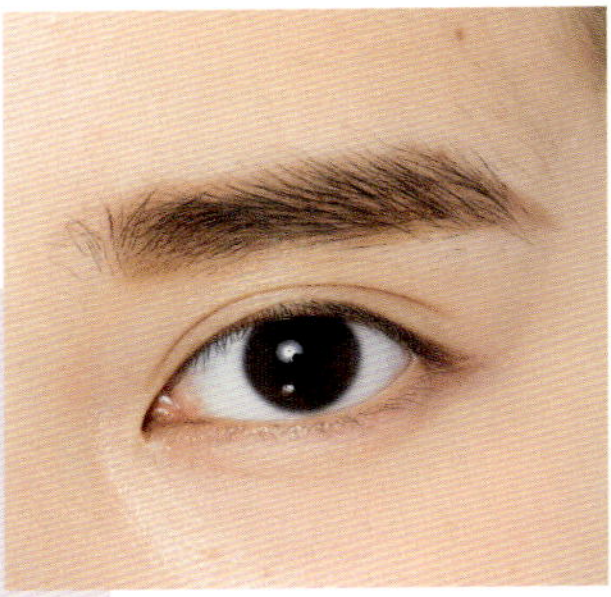

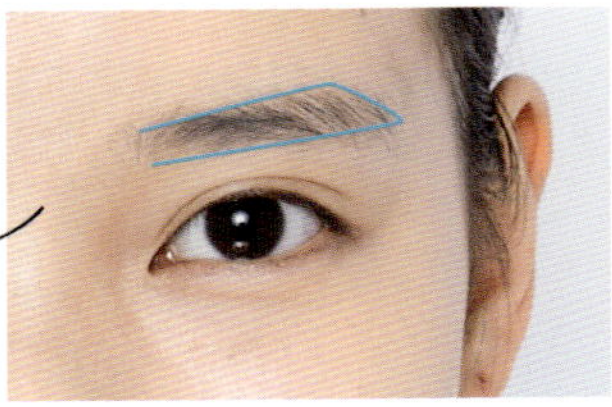

眉の下側が直線になるように描き足していく

眉の下側が直線になるように描き足すことによって眉と目の距離を近づけます。太くする場合は下側を足します。眉山から眉尻を基本の位置よりもやや上げるとより印象的に。

包容力を出す 眉と目を離す

やさしく包容力のある大人の顔立ちに見えます

柔らかく安心感のあるイメージになります

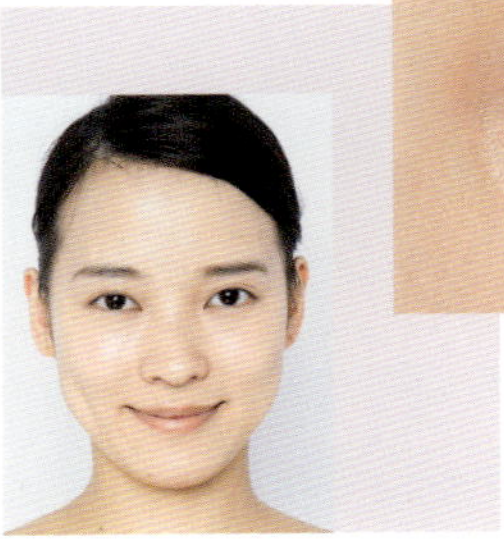

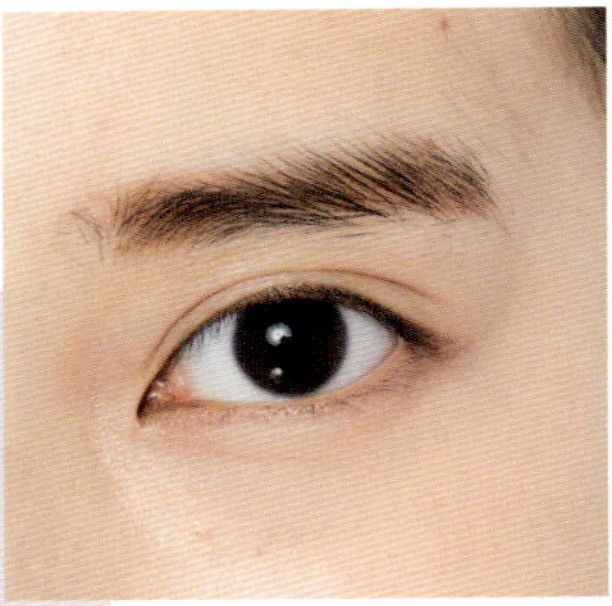

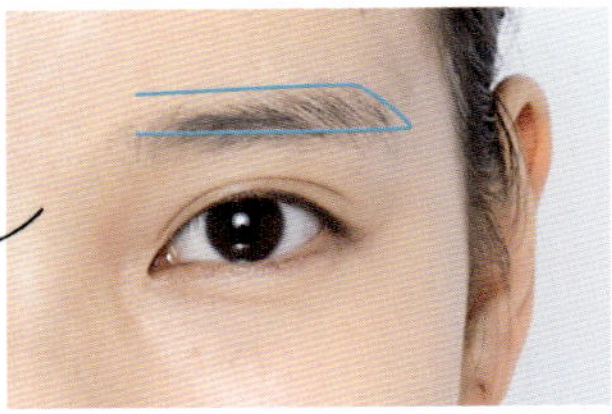

眉の下側は素の眉を生かし、上側を意識して描く

眉頭下側の自眉のはじまりを活用します。上ラインは、眉山に自然につながるように１～２mmくらい眉頭を上げるように描き足していくと自然です。

しっかりした印象に **眉間を近く**

意志や信頼感を感じ、オフィスメイクにも向いています

凛とした強さを感じる美しさがある顔立ちに

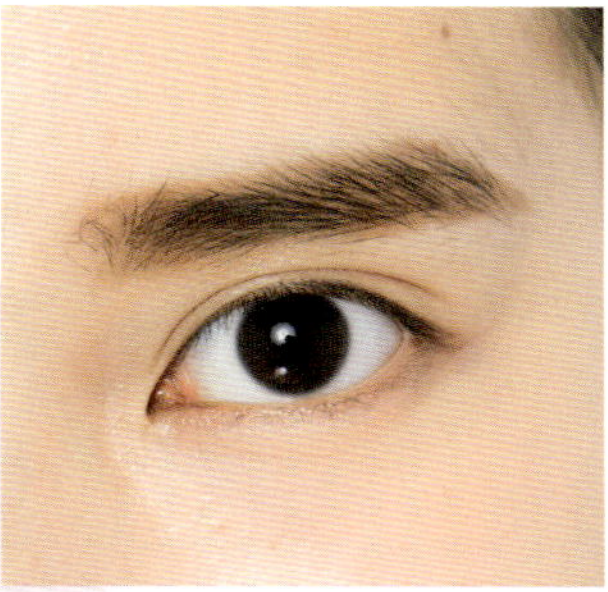

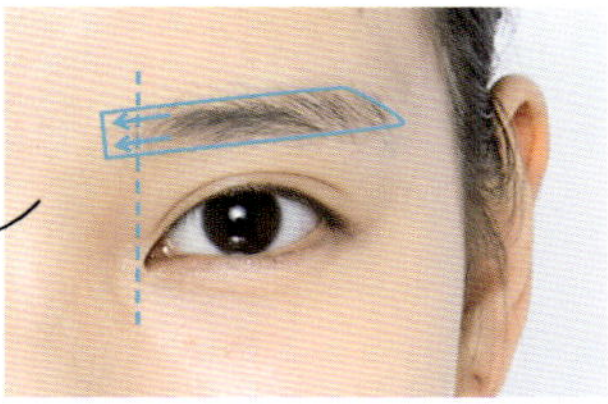

眉頭をさらに鼻側に寄せるように描き足す

目頭延長上から５mm内側の眉頭の標準位置よりもさらに２～３mm鼻寄りの部分に向かって、眉のフレームの形を保ちながら描き足していきます。

ふんわりした印象に **眉間を遠く**

眉頭が離れているとやさしくキュートに見えます

寂しげにならないよう中細～太眉がベターです

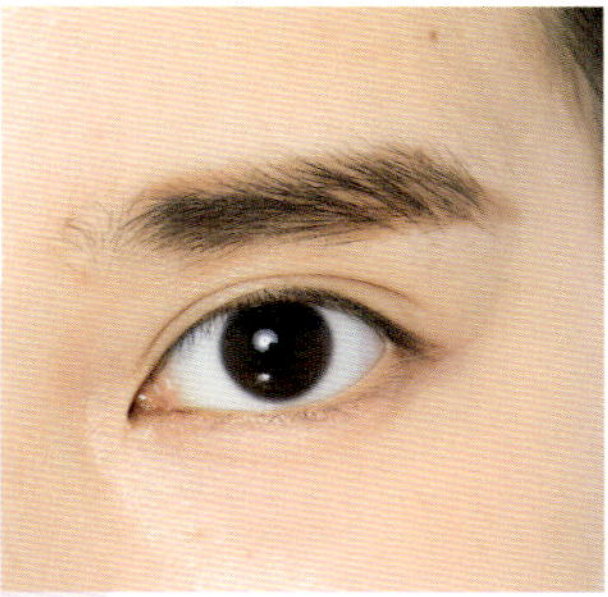

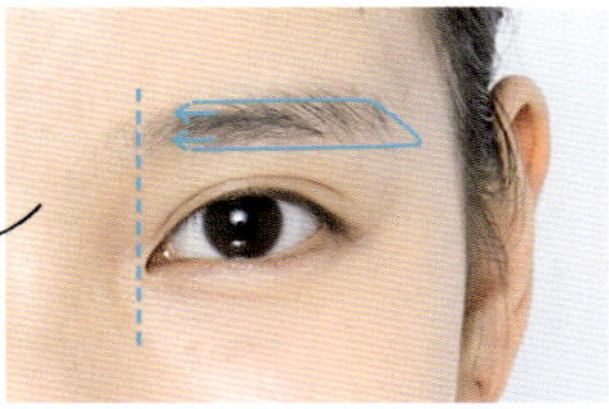

眉頭に向かってぼかすように描いていく

毛がいちばん密集している中心部から、眉頭に向かってぼかします。目頭の延長線上に自然にぼかし終わるようにします。目頭より内側までぼかしをのばさないように。

眉山しっかり 角度眉

快活、しっかり、意志が強いイメージになります

気が強く見えるので角度を
見ながら描きましょう

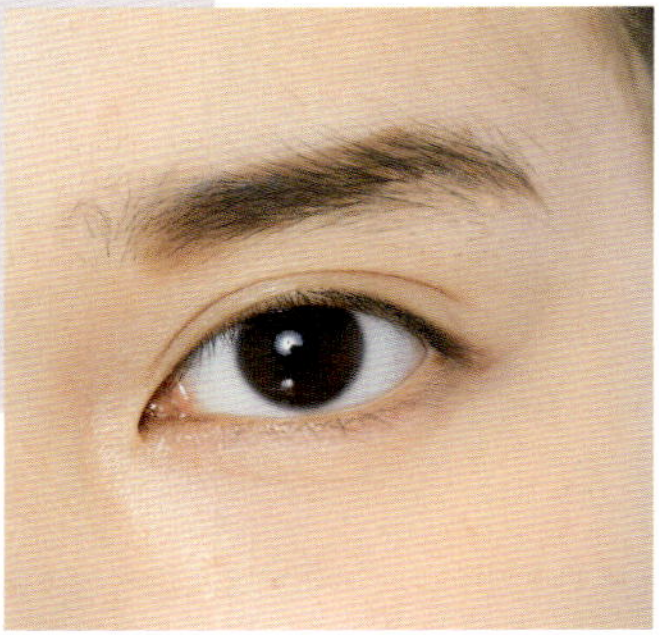

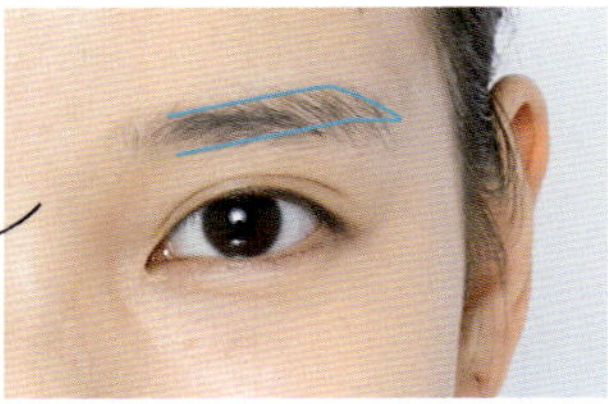

眉頭は下側、眉山は上に描き足していく

眉頭は自眉のいちばん下の高さをとり、眉山は自眉のいちばん上の高さをとり、つなぐように描きます。角度を見ながら眉尻まで一定の太さで。

自眉を生かす ナチュラル眉

やり過ぎないので自然体な雰囲気が出ます

自分らしさをそのまま
活かしリラックス

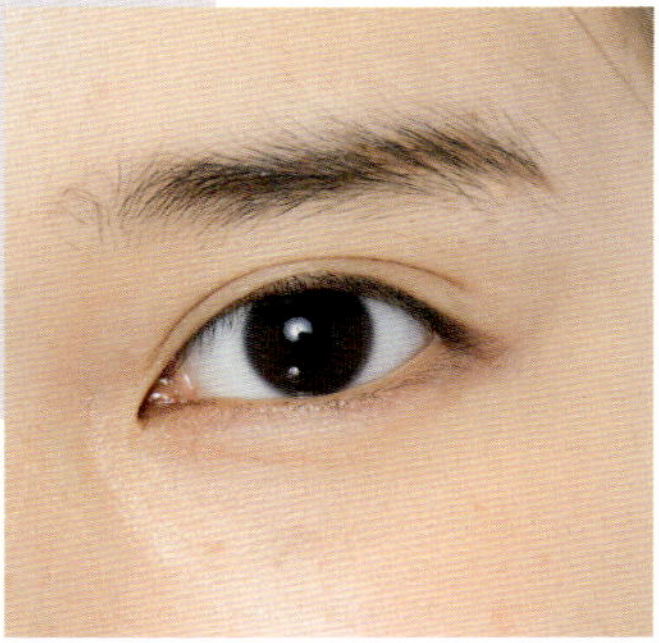

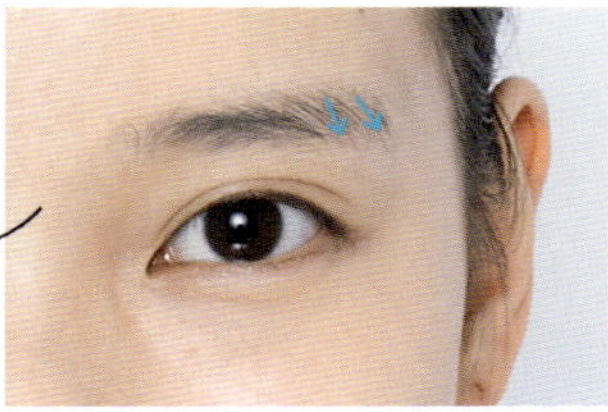

毛が薄いところやまばらなところを描き足すだけ

基本の眉の描き方で、長さも太さも足さず、アーチや角度も自眉に沿って、まばらなところや薄いところだけを描き足します。

丸みを加える アーチ眉

この眉ひとつで女性らしさをすぐに出せます

エレガントで明るく女性らしい雰囲気になります

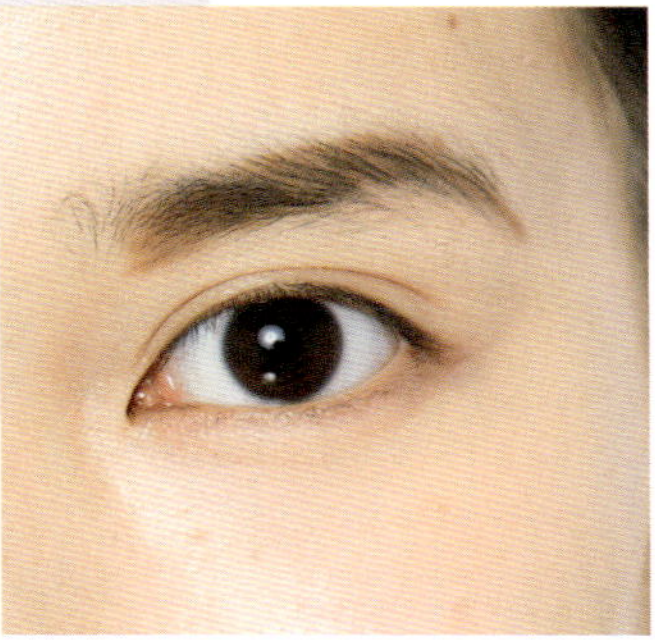

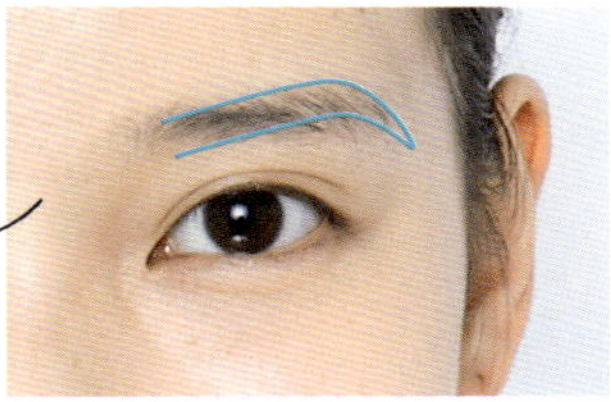

やさしいアーチを描くようなイメージで

「角度眉」の描き方と角度のつけ方は同じですが、眉山は丸みを意識してつり上げ過ぎないように注意。眉山から眉尻は細くなっていきます。

眉山をなくす 平行眉

トレンドから定番に。野性的かつ優しいイメージ

眉頭高め・眉尻低めの困り眉はもう卒業しましょう！

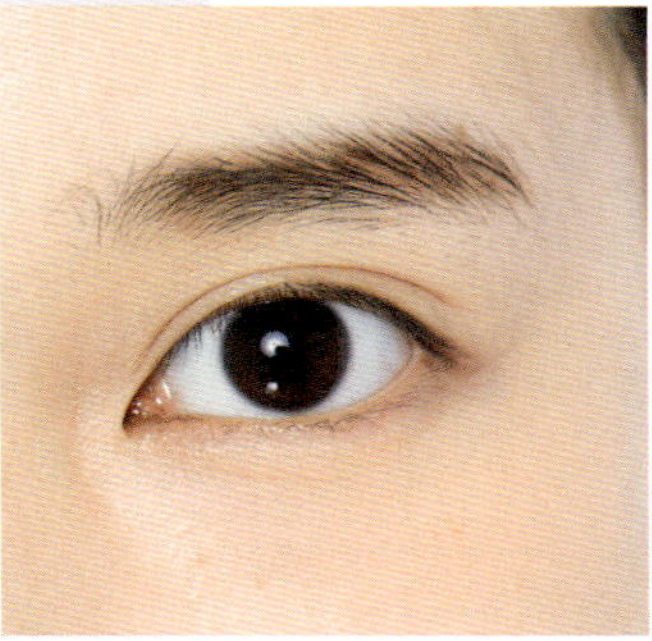

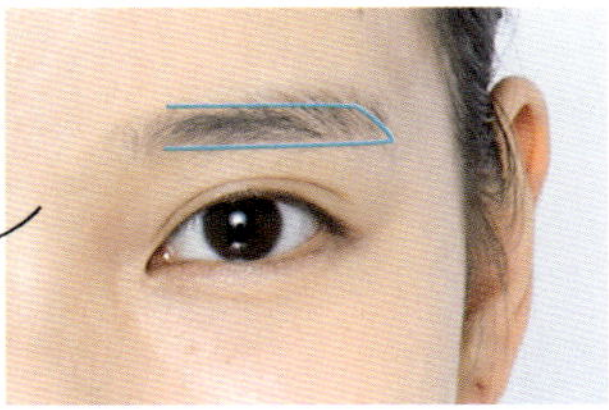

下のラインから描きはじめ、上ラインを平行につなげる

眉の太さを決め、眉頭の下側から眉尻まで真横につなげ、次に眉頭の上側を、下側のラインと平行を意識。眉山を無視して眉尻へつなげます。

アイシャドウ

質感、色み、入れ方の違いで目の大きさやイメージは無限大

ポイントメイクの中でも、いちばん印象を変えられるのに、いちばん難しい「アイシャドウ」。肌に合う色や服などに合わせた質感のものを選び、目をどのように見せたいのか、顔全体とのバランスを考えてのせていきます。アイシャドウははじめにおいたところが強くつく(重心になる)のでそこを起点にグラデーションを作れば、クールにもかわいくも見え、気になる目の形の補正にも役立ちます。指、チップ、ブラシなどの道具で濃さも自在に操れます。

色の選び方

肌のトーンに合わせたものを選ぶのが「腫れぼったさ」から解放されるコツ

パステルカラー

難しいと感じがちなカラーアイシャドウ。自分の肌に合う色なら、発色のよい色みも浮かず、自然になじみます

ブラウンカラー

オンオフ問わず、どんなシーンにも使える色です。自分に似合うブラウンを、ひとつ持っておくと安心です

イエローベース

キャンメイク アイニュアンス 30 ブリリアントガーデン／井田ラボラトリーズ

ヴィセ リシェ ヌーディリッチ アイズ BE-2 カッパーベージュ系／コーセー

ブルーベース

キャンメイク アイニュアンス 21 ロイヤルブルー／井田ラボラトリーズ

ヴィセ リシェ ヌーディリッチ アイズ BE-4 ピンクベージュ系／コーセー

>>> アイシャドウの基本と道具

キャンメイク パーフェクトマルチアイズ 02 アーバンキャメル／井田ラボラトリーズ

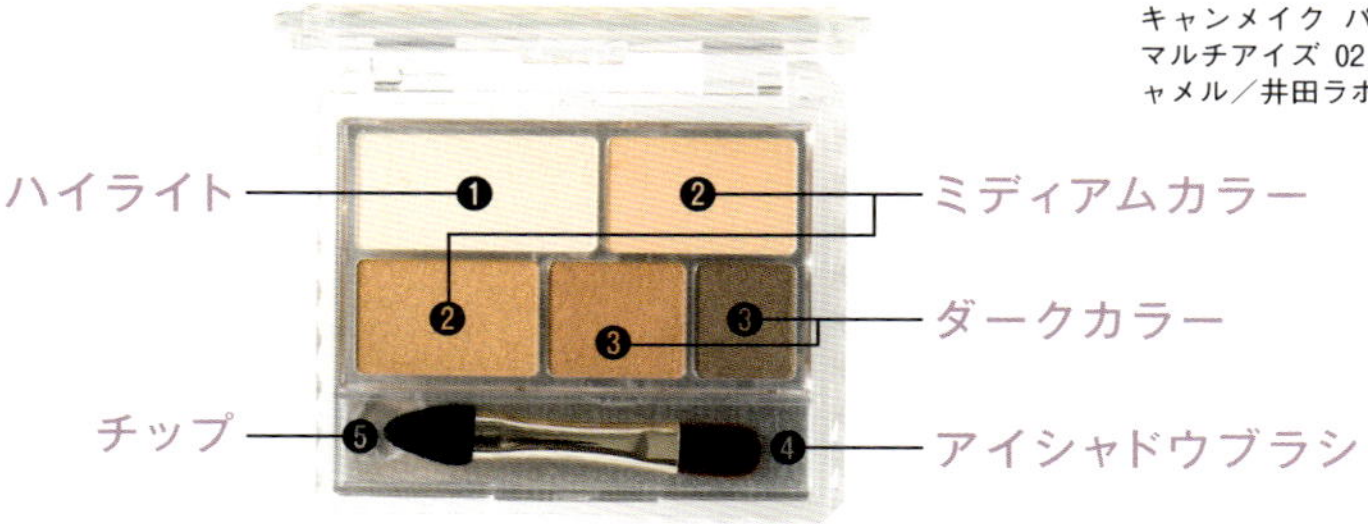

3色以上入ったアイシャドウパレットはそれぞれの役割があります。①のハイライトは眉下から全体にのせ骨格を際立たせます。②のミディアムカラーはアイホールに入れて影で奥行きと立体感を演出。③のダークカラーは目のラインに沿ってキワに入れる「しめ色」として使います。④のアイシャドウブラシは、ハイライトなど広い範囲に使ったり、ぼかしたりするときに適しています。⑤のチップはダークカラーなどを目のキワに細く入れるときに役立ちます

>>> 重心による見え方の違い

目尻重心

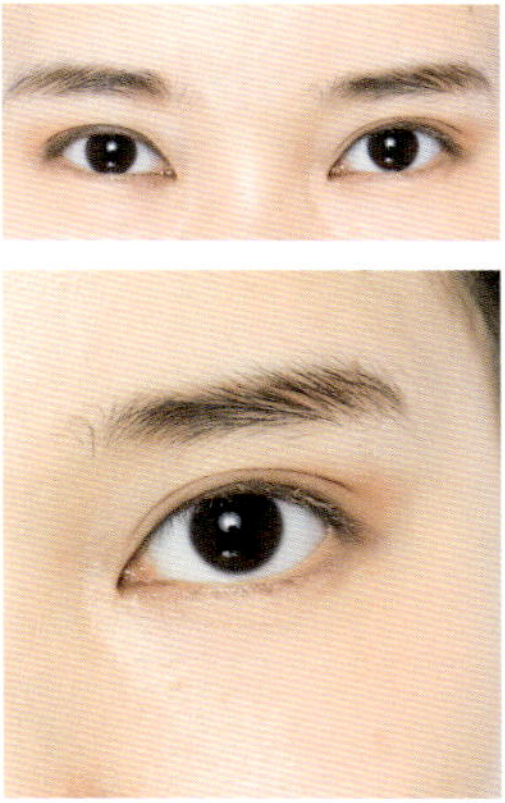

目尻の部分にいちばん高さを出したり、目尻よりも長さをオーバーしてのせ、そこから目頭へ向かうグラデーションです。求心的に見える印象を和らげるほか、目の横幅をのばしたり、切れ長でクールな印象になります（P60）。

黒目重心

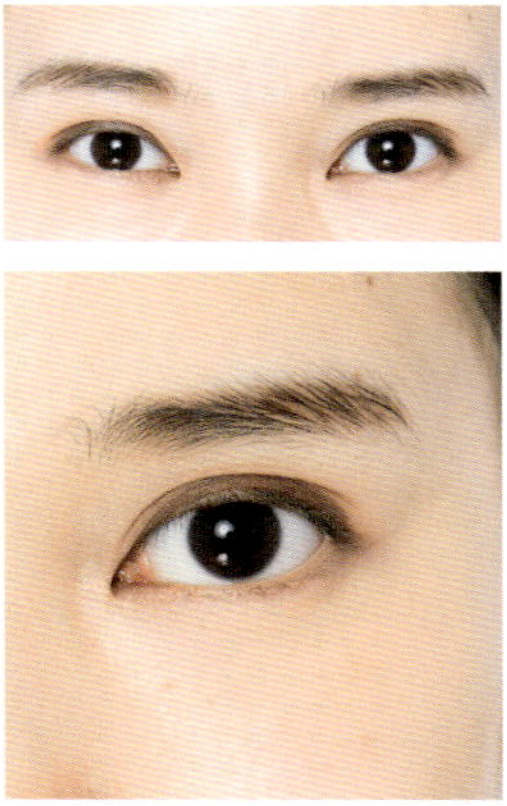

目の中心に高さを出します。目をとにかく大きく、丸く、かわいく見せたいときに。細過ぎず角度のない眉毛、しっかり上げたまつ毛、下まぶたの涙袋などと組み合わせると目の縦幅がどんどん強調されて広がっていきます（P58）。

目頭重心

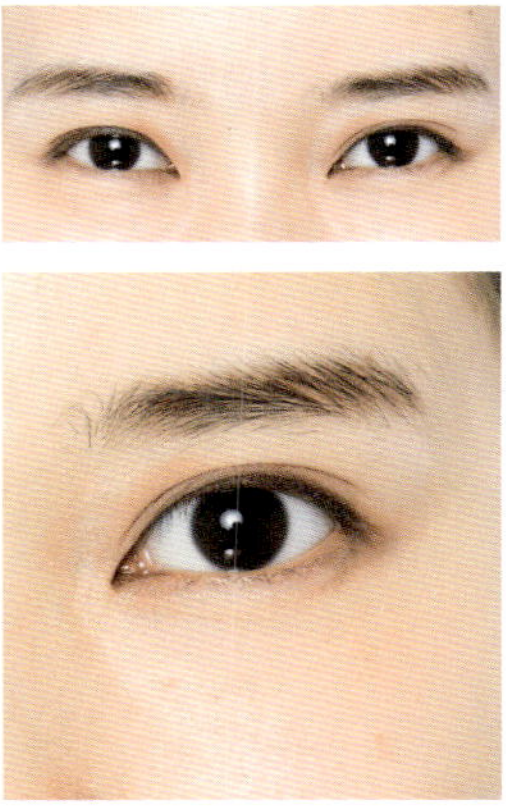

アイホールの目頭側にいちばん高さがでるグラデーション。目と目の距離を近づけたいときに使います。間を近づけぎみに描いた眉やノーズシャドウと合わせれば、引き締まった顔になり、しっかりとしたイメージに見えます（P61）。

アイシャドウのぬり方 基本

黒目重心

1

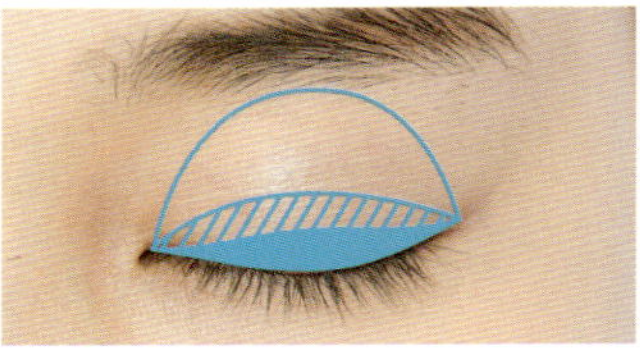

まぶた中心（黒目の上）を意識する

黒目重心のグラデーションを作るときは、ミディアムカラーもダークカラーも、黒目の上がいちばん高くなるようにのせていくのがポイントです。

▼

2

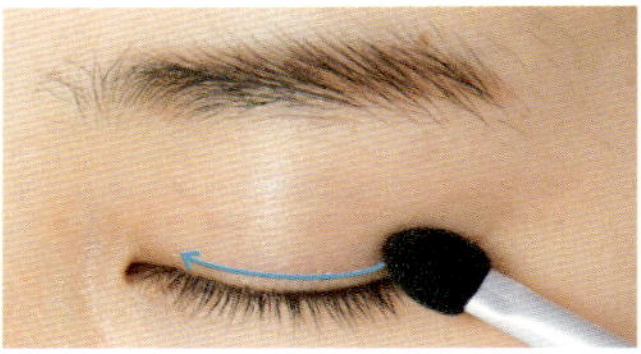

ダークカラーを目のキワにのせる

ダークカラー、ミディアムカラー、ハイライトの順に重ねていきます。まず、ダークカラーをチップにとり、目尻に当てます。

▼

3

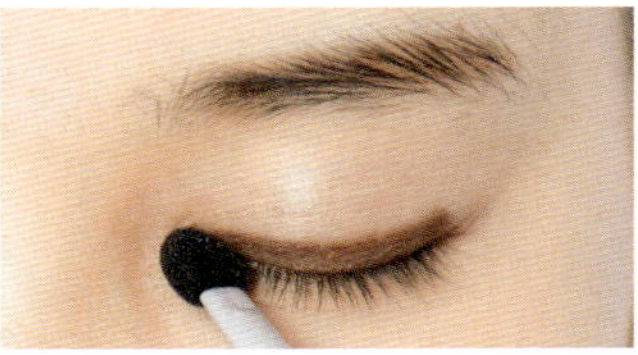

ダークカラーでラインを引く

目尻から目頭まで、目のキワをなぞるようにチップを動かします。目尻からはみ出さない長さが自然です。

4

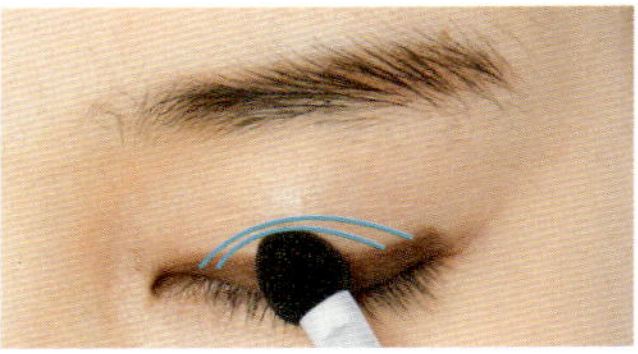

黒目上に高さをプラス

黒目の上が、目頭や目尻に比べて2～3mm程度高くなるよう、チップをポンと置いて、山なりになるようになじませます。

▼

5

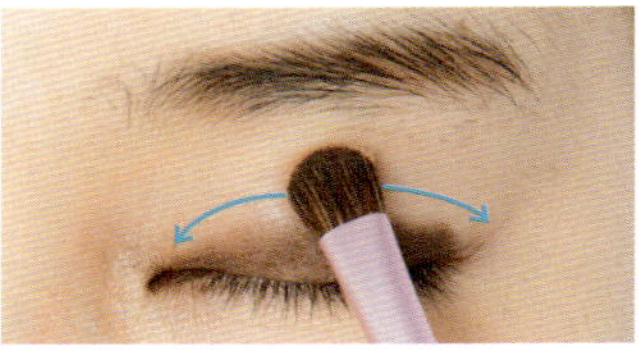

ミディアムカラーをアイホールに

ミディアムカラーを小さめのブラシにとり、アイホールの中心を起点として、車のワイパーのように左右に往復させます。

▼

6

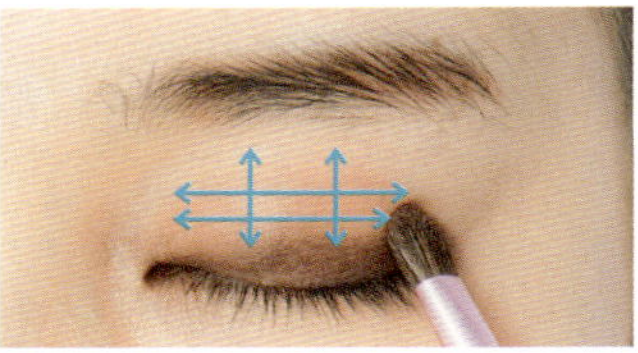

キワとアイホールをなじませる

5のブラシでダークカラーとミディアムカラーの境目を上下左右しながらなぞり、自然なグラデーションを作ります。

▼

7

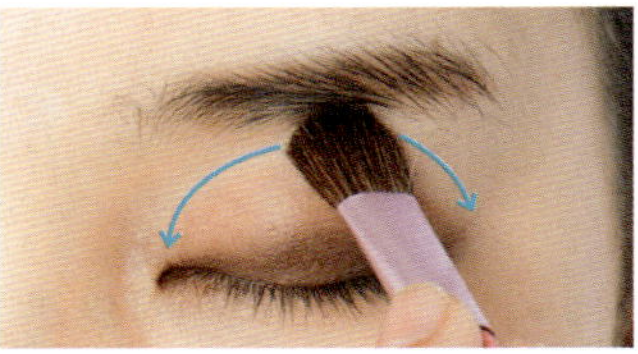

ハイライトを眉下部分にのせる

ハイライトカラーをブラシにとり、眉下部分にのせます。黒目の上を起点とし、ミディアムカラーとの境目をなじませるように左右に往復させます。

8

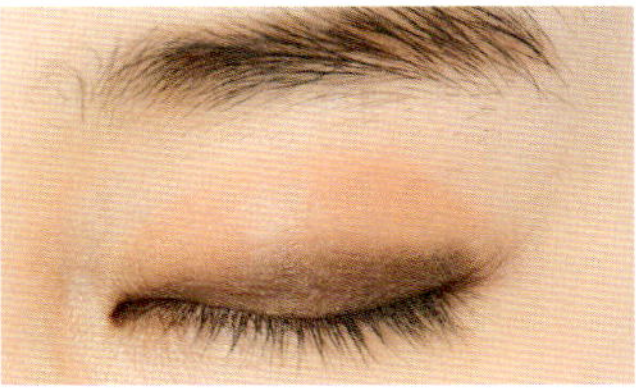

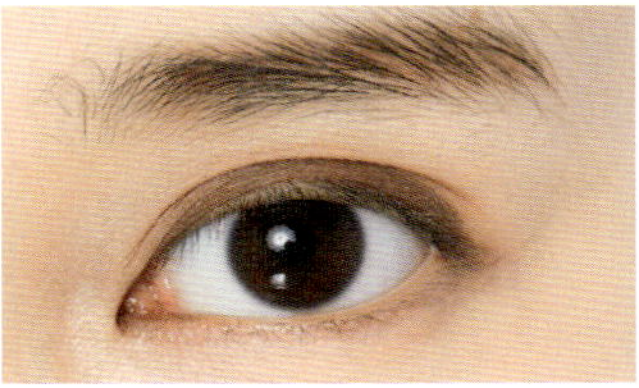

目の縦幅が広く、キュートさがアップ！

女性の憧れ、アーモンドアイに

かわいらしさと大人っぽさが両立できているのは、色選びとていねいなグラデーションのたまもの。慣れると道具を替えなくても手早くぬることができるようになり、プロセスが減らせます。

2色のときは？

2色のときは1～6のプロセス、または5からスタートします。

アイシャドウのぬり方 応用 下まぶた

囲み目シャドウ

ハイライトやパールで
涙袋メイクにも

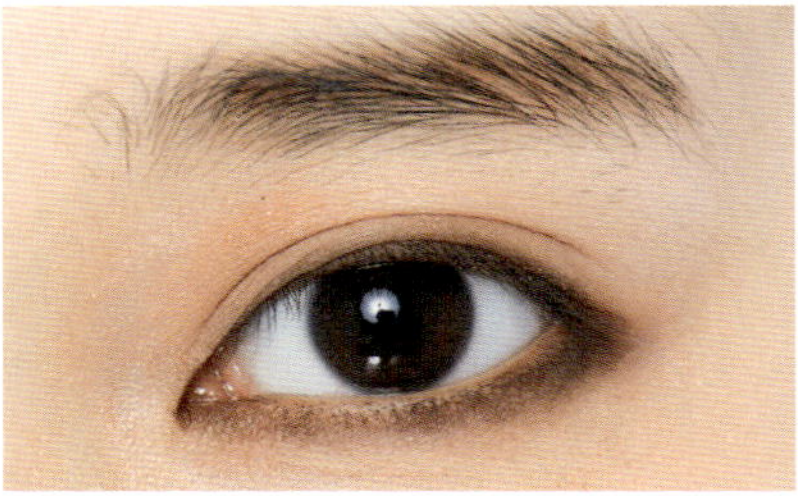

目頭から目尻までのせる

下まぶたの目頭から目尻までをダークカラーで囲むとスモーキーアイに。目の縦幅も出ます。パールをのせれば「涙袋メイク」で目に立体感が。

たれ目シャドウ

つり目を和らげて
かわいらしい印象に

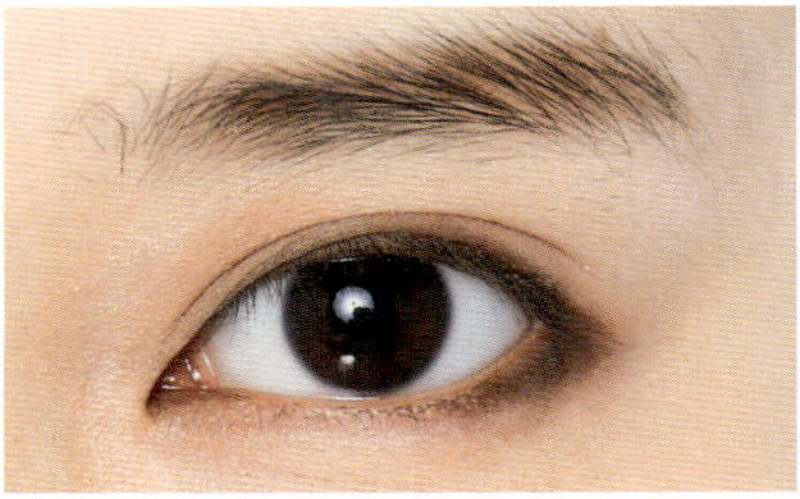

目尻側1/3にダークカラーをオン

目尻側から下まぶたの1/3程度（黒目の外側のラインあたりまで）にダークカラーをのせます。つり目の補正や、かわいらしさを出したいときに。

アイシャドウのぬり方
基本
目尻重心

1

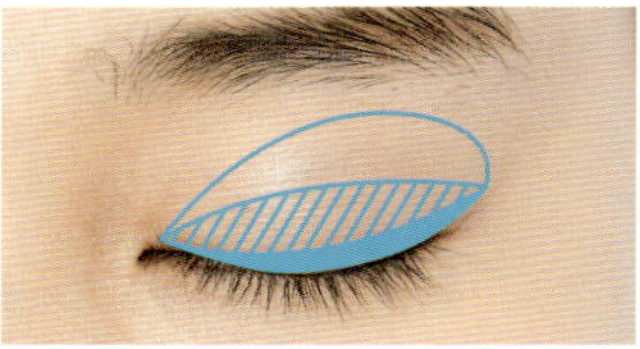

まぶたの目尻を意識して色をのせる

ミディアムカラーもダークカラーも、目尻の上がいちばん高く濃く、黒目上あたりまでにグラデーションになるようにのせていくのがコツです。

▼

2

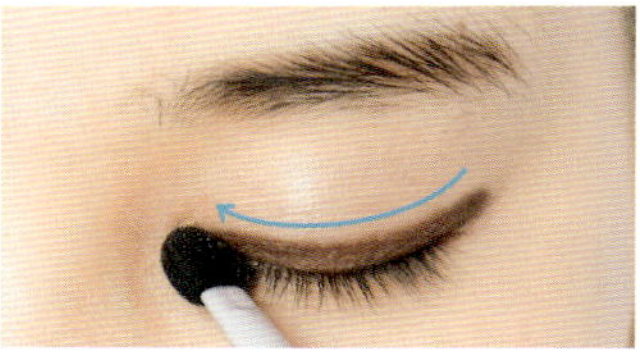

目尻側から色をのせる

ダークカラーを目のキワに入れます。チップを使って目尻よりやや外から目頭へ、目尻側がいちばん高くなるように入れましょう。

▼

3

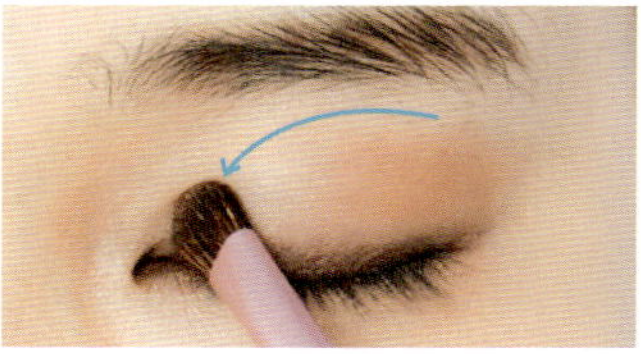

ミディアムカラーを目尻からぬる

ミディアムカラーをブラシにとり、目尻がいちばん高くなるよう、目尻から黒目上、目頭へ向かうに従って低くなるようにブラシを動かします。

4

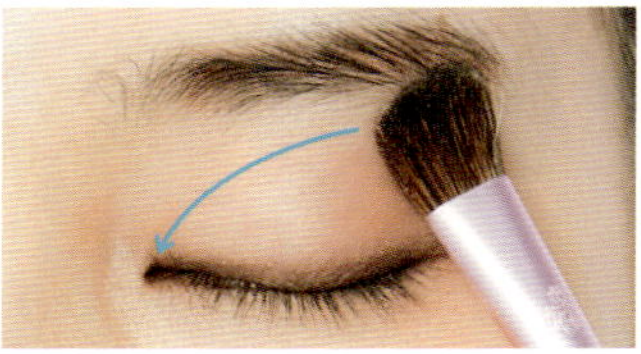

眉下にハイライトをオン

ハイライトをブラシにとり、眉下から、3のミディアムカラーに向かって入れ、グラデーションの境目をなじませます。

▼

5

目が横長になり、幅が出る！

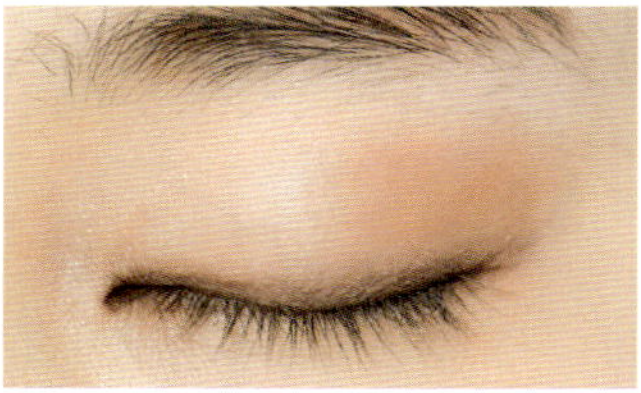

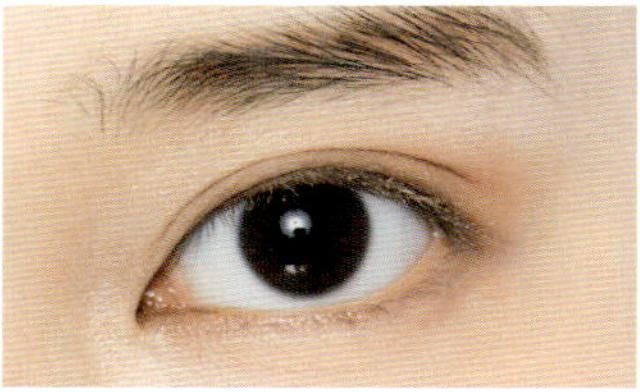

クール過ぎない切れ長アイ

目尻からのばす部分が短いとナチュラルです。求心的な顔の補正でも２～３mm程度目尻を延長するイメージで充分。のばすほどに切れ長に。

※２色のときは１～３のプロセス、または３からスタートします

アイシャドウのぬり方

基本

目頭重心

1

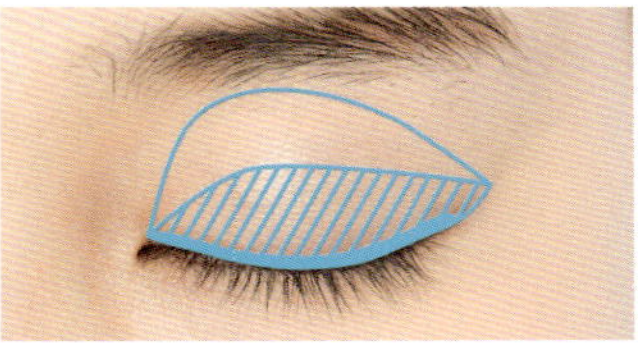

まぶたの目頭を意識して色をのせる

ミディアムカラーもダークカラーも、目頭の上がいちばん高く濃く、目尻に向かい低くなるグラデーションになるようのせていきましょう。

▼

2

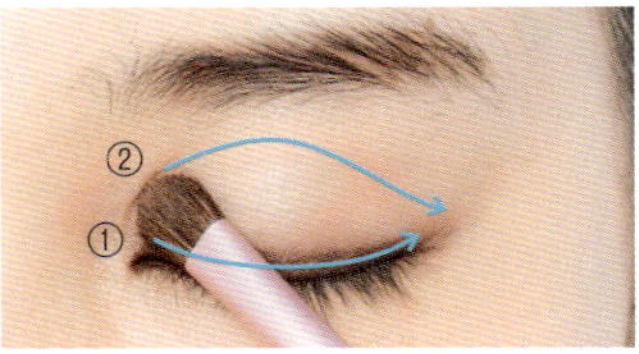

目頭側から色をのせる

ダークカラーを目頭側から細く入れます。よりホリ深に見せたければ目頭を太く。ミディアムカラーは目頭側アイホールをなぞり往復します。

▼

3

残ったシャドウを目尻側へ

2の動きから、目頭のアイホールより黒目、目尻に向かうに従って低くなっていくように横方向へぼかしていきます。

4

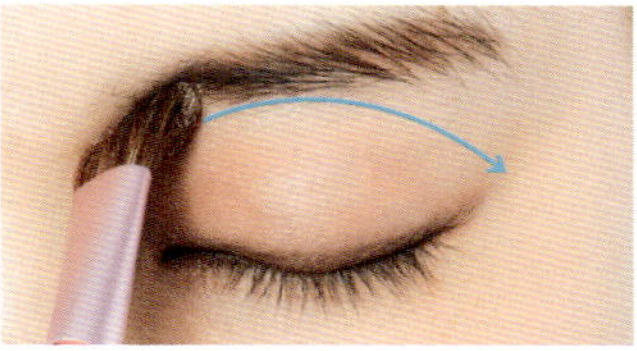

印象に合わせハイ・ローライトを

ナチュラルな立体感ならハイライトを眉下のみにひとハケ、さらにホリの深い印象にしたければローライトを眉下～鼻筋にのせます。

▼

5

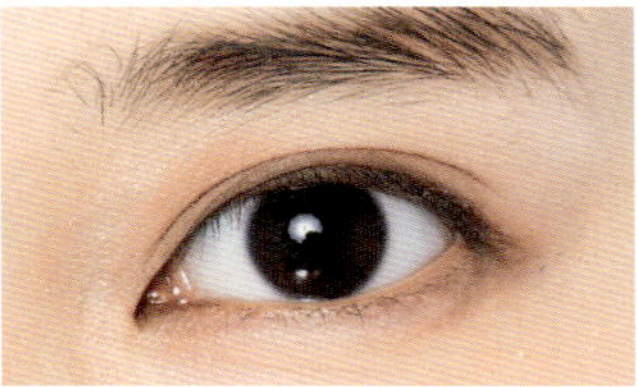

キュッとホリ深の求心的アイ

奥二重や一重で目をもう少しはっきりさせたいときには、目をあけたときに見える目頭の部分にダークカラーをダブルで重ねてぬります。

※2色のときは1～3のプロセス、または3からスタートします

アイライン

つり目、たれ目の補正や目の輪郭とりなど、即印象アップの重要パーツ

「アイライン」は、アイライナーを使ってまつ毛の間を埋めて目のフレームをはっきりさせることですが、まつ毛の上のキワに引いてより目を大きく見せたり、目尻をオーバーさせ目の幅を広げたりも可能です。また、目尻を下げたり、はね上げたりすることでつり目やたれ目のカバーもできます。まつ毛に密度や長さがあったり、二重幅が広くてアイラインを入れるとやり過ぎになる人は、ブラウンのアイライナーや、アイシャドウのダークカラーで代用を。

種類　アイライナーはリキッドタイプとペンシルタイプに大別されます。ジェルもペンシルタイプのものが増えてきました

ペンシルタイプ

鉛筆のように芯を削るタイプと、くり出し式のタイプがあります

キス　ラスティングクリーミィライナー 01 ブラック／P.N.Y. DIV.

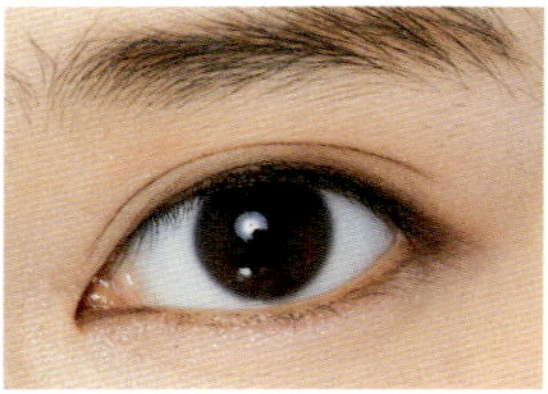

主にまつ毛を埋め、ぼかしやすいのできつくならず、目をふんわりと印象づけられます。

リキッドタイプ

筆状になっています。太さもさまざまで細いほうがナチュラル

ウィンクアップ　クラシックリキッドアイライナー　ソフトブラック／ナリスアップコスメティックス

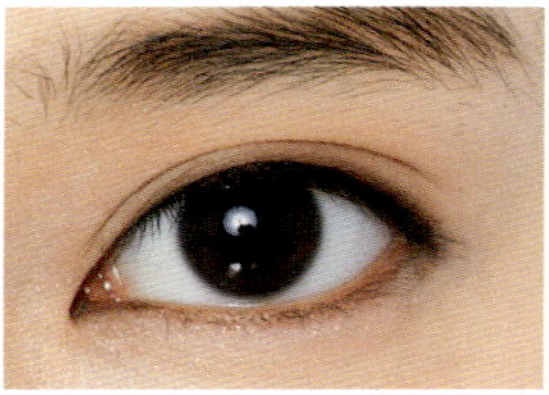

まつ毛を埋めるほか、まつ毛の上にも引いてより印象的に。ぼかさないため濃く見えます。

4

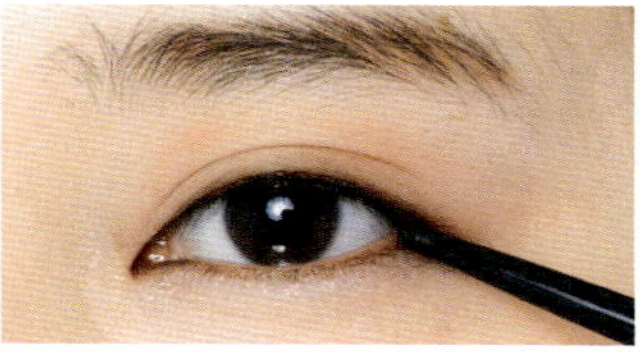

ラインをチェックする

目尻まで描き終えたら、太さやはみ出ている部分がないかチェックします。ふんわりさせたいときには綿棒でラインをなぞり、軽くぼかします。

▼

5

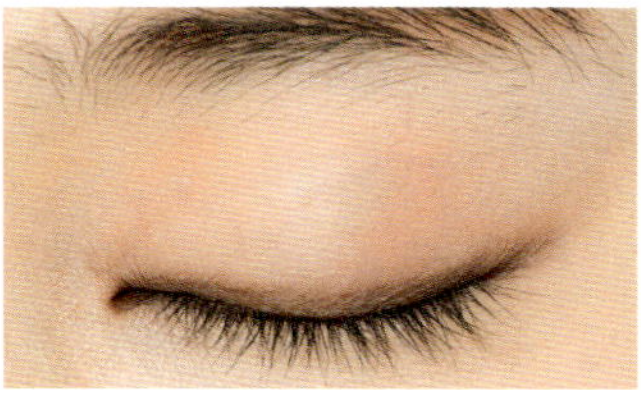

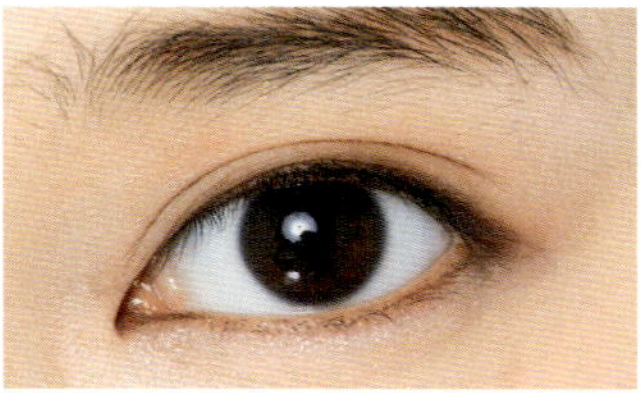

自然な強調アイラインの完成

目のフレームがはっきりして目力が加わりました。アイラインをぼかしたのでナチュラルなメイクにもよく合いやりすぎ感もありません。

ペンシル アイライナーの 引き方 基本

1

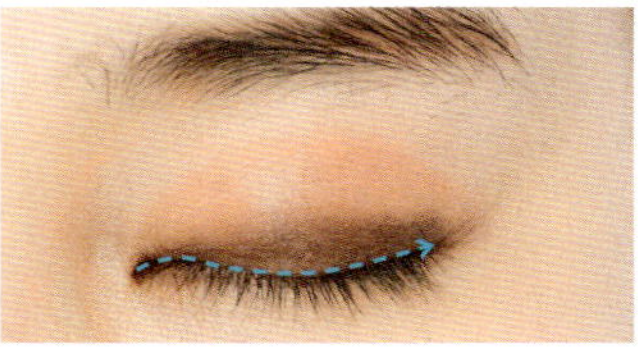

まつ毛の隙間を埋めていく

アイシャドウだけでも充分美しいですが、まつ毛が生えている部分が少々ぼやっとしているので、その部分をアイライナーで引き締めます。

▼

2

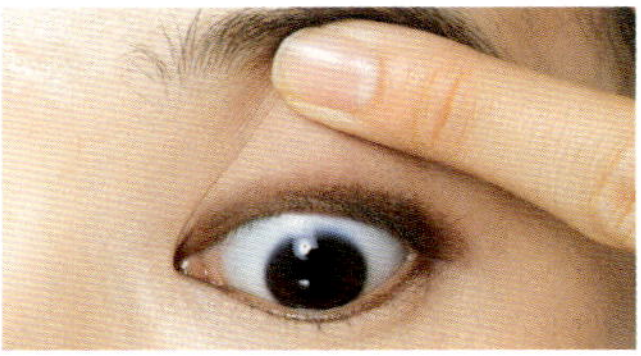

まぶたを指でおさえ、下を見る

指で上まぶたをやや上に上げるようにおさえ、下を見ます。鏡を下から当てると、まつ毛の隙間がわかりやすくなります。

▼

3

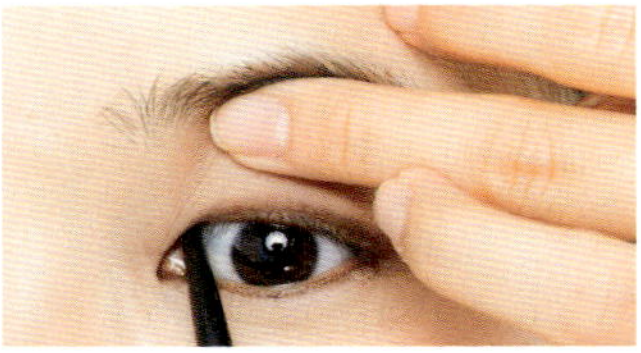

目頭から引きはじめる

2の状態のまま、アイラインを小刻みに動かしまつ毛とまつ毛の間を埋めていきます。粘膜ではなくあくまでまつ毛の間に引いていきます。

リキッドアイライナーの引き方
基本

1

小指を顔につけて引く

リキッドはぼかせず修正が大変なので、点を描くようにまつ毛の間を埋めたり、短いストロークで引きます。小指を顔につけるとブレにくいです。

▼

2

まつ毛の間を埋める

目を開けやや下を見ながら、まつ毛の間を点を描くように埋めます。目を閉じて描くとまつ毛の間より上のキワ部分に描いてしまうので注意。

▼

3

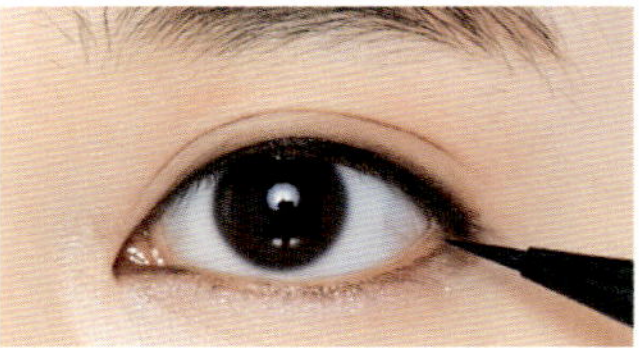

がたつきや太さをチェックする

線のがたつきやはみ出しがあれば修正し、2で引いたラインよりも上の目のキワにも引きたい場合には目頭から目尻まで一気に引きます。

4

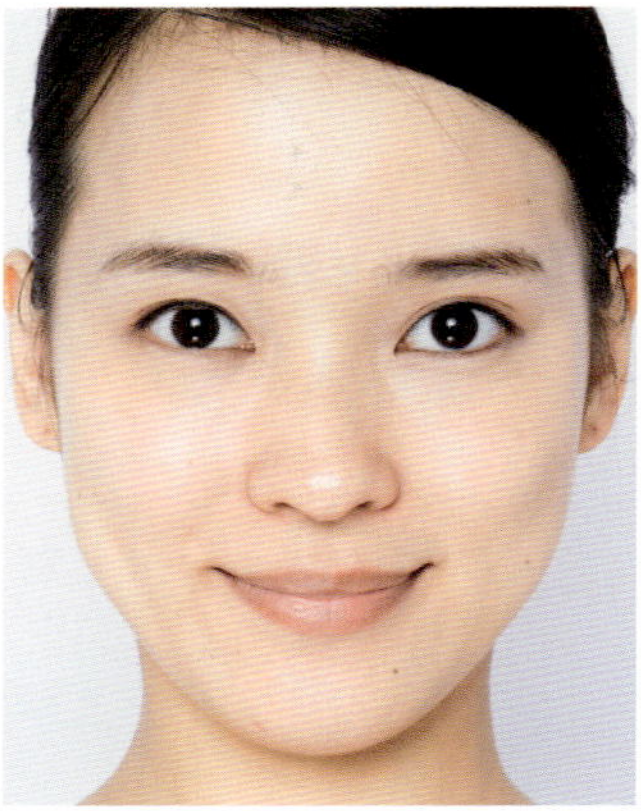

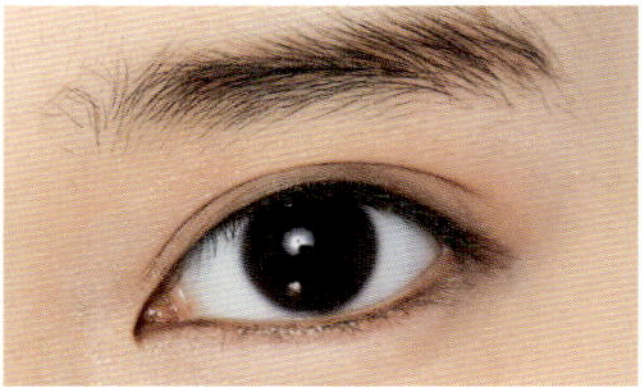

繊細な強調アイラインの完成

まつ毛を埋めるラインしか引いていませんが、より強くしっかりとした眼差しになりました。目尻からオーバーして引けば目の幅拡張になります。

アイラインの引き方 応用

はね上げライン

強くて女性らしいイメージに

目尻を上げるようにラインを引く

目尻部分を上げるように引くアイライン。視線を上に集めることにより、強く、女性らしいイメージに。たれ目の補正効果もあります。

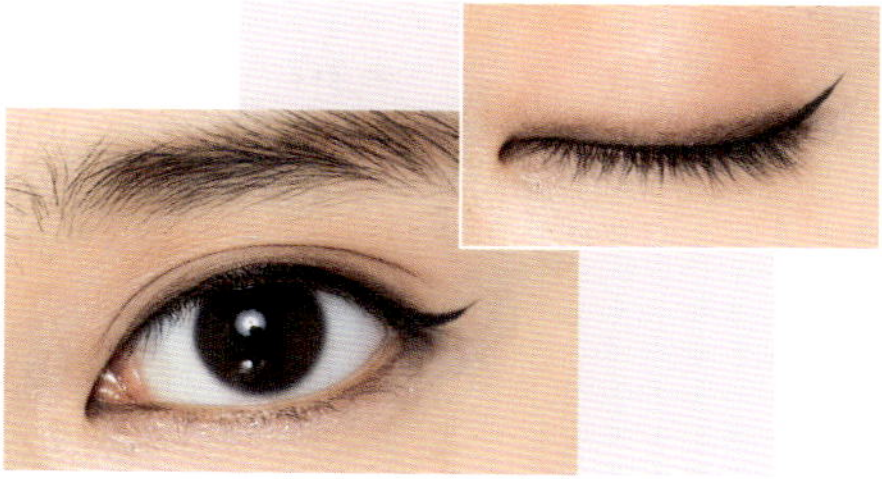

黒目強調ライン

縦長でかわいらしい目に

黒目の上がいちばん太くなるように

目頭から目尻まで引いたあと、黒目の上部分だけをいちばん太くなるように重ねて引きます。縦幅が出て、くりっと丸いかわいらしい目元に。

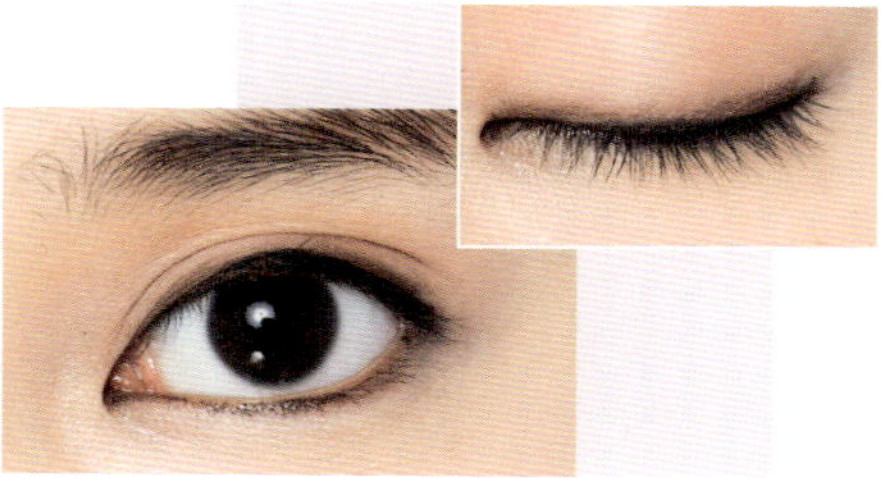

囲みライン

上まぶた下まぶたを全て囲んで目力アップ

下まぶたも同様にアイラインを

下まぶたも同様に目頭から目尻までまつ毛を埋めるようにしてアイラインを引きます。アイシャドウとの組み合わせ次第でかっこいいイメージに。

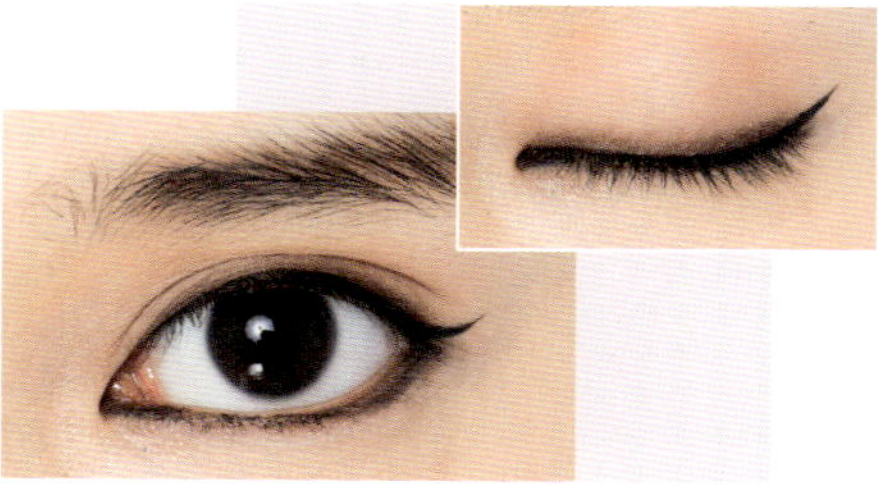

ナチュラルライン

自然に目力をアップさせる

細いアイライナーを使って引く

細いリキッドアイライナーで、目頭から目尻までを基本のまつ毛埋めだけで引くアイライン。しっかりしたシーンまで幅広く使えます。

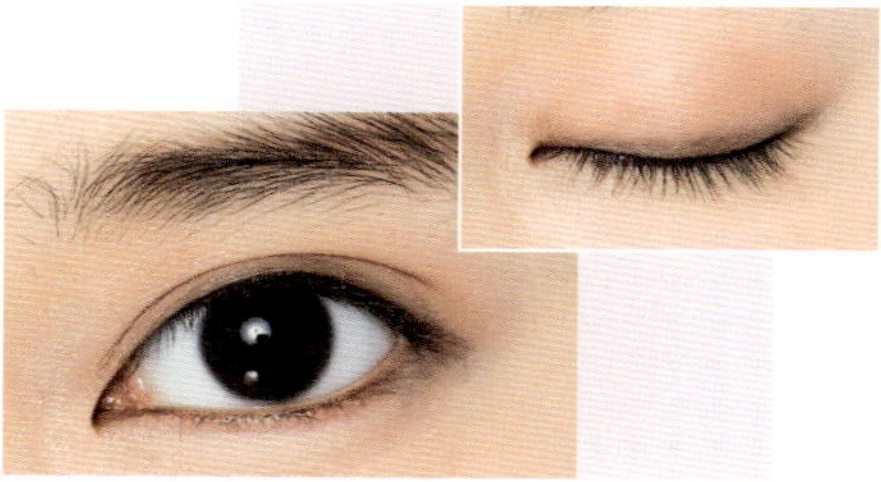

Part.3

マスカラ・ビューラー（まつ毛）

長く、太くだけじゃない。まつ毛の上げ方でも印象は変えられる

アイシャドウやアイラインのあと、イメージ作りにもうひとつ必要なのが「まつ毛」です。なりたいイメージや自まつ毛の特性によってマスカラを選ぶほか、まつ毛の上げ方も重要です。真上に上げれば、眉との間が近くなり若々しく丸い目に、扇状に広げれば、すっきり切れ長目になります。まつ毛自体にカールを作るだけではなく、根元をしっかり上げ、マスカラは根元から毛先にいくに従ってさらっとぬると、まつ毛が下がりにくくなります。

種類　マスカラはロング、ボリュームに大別され、ビューラーは全体用と、目尻や下まぶたに使う部分用があります

マスカラ

ボリュームタイプ

細く少ないまつ毛をしっかり太く見せてくれます

キャンメイク ゴクブトマスカラ 01 スーパーブラック／井田ラボラトリーズ

ロングタイプ

細く短いまつ毛を自然に長く見せてくれます

ちふれ マスカラ ロング＆カールタイプ 10 ブラック／ちふれ化粧品

ビューラー

部分用

目尻など部分的にはさみ、細かな部分を上げます

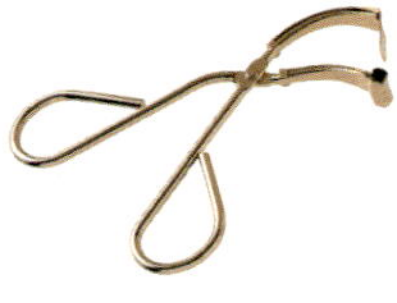

ポイントアイラッシュカーラー／ロージーローザ

全体用

まぶた全体のまつ毛をはさみ、上げます

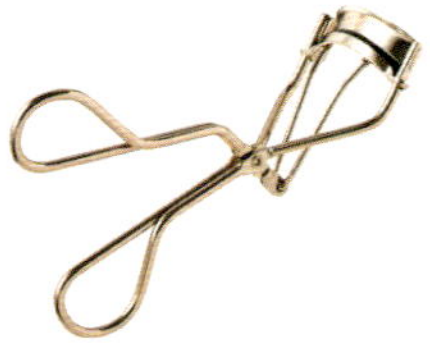

アイラッシュカーラー 20R／ロージーローザ

ビューラーの使い方 基本

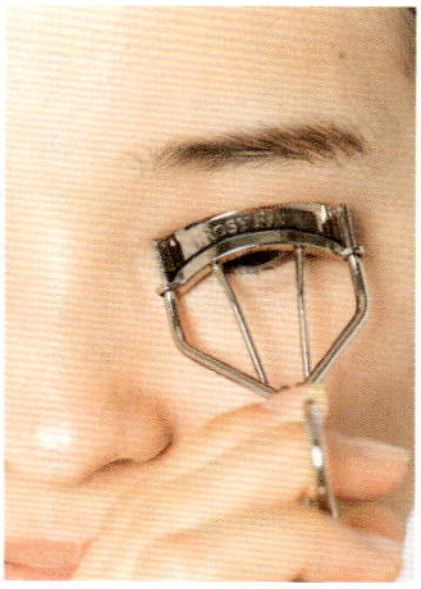

1

ビューラーで根元をはさむ

ビューラーで、まぶたギリギリのまつ毛の根元をしっかりとはさみます。まつ毛全体をはさめているか確認しましょう。

▼

2

まつ毛の根元を上げる

手首を向こう側に返しながら、ぎゅっ、としっかりグリップを入れ、上に向かってまつ毛を上げるように意識しましょう。

▼

3

まつ毛の中央を上げる

ビューラーをまつ毛の長さの真ん中までスライドし、先ほどより軽い力で手首を返しながらグリップを入れます。

4

まつ毛の毛先にカールをつける

またグリップをゆるめビューラーをまつ毛の毛先へスライドし、さらに軽い力で、軽く手首を返し、まつ毛自体にカールをつけます。

▼

5

目尻側もカールをつける

2、3で目尻側のまつ毛がこぼれた場合は、ビューラーを目尻側へスライドするか部分用ビューラーで、同じ要領でカールをつけます。

▼

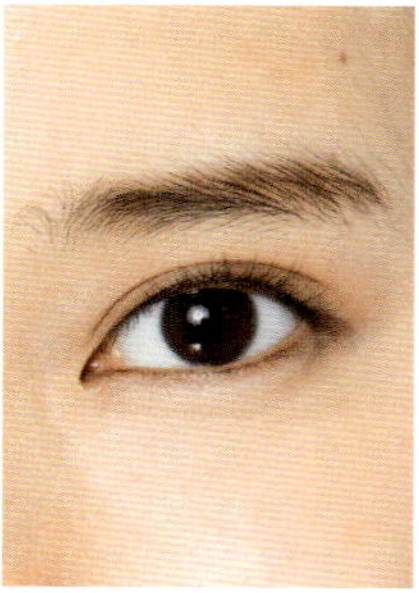

6

縦長の見開きまつ毛が完成

まつ毛が上がりました。黒目上のほか、目尻部分も真上にまつ毛が上がっているので目の縦幅が大きく見え、目がリフトアップしたように見える効果も。

マスカラのつけ方 基本

1

まつ毛の上から軽くつける

ファンデーションやアイシャドウなどの粉飛びしたものがまつ毛の上にあるとまつ毛が白っぽく見えます。マスカラでさらっと上からなでつけます。

▼

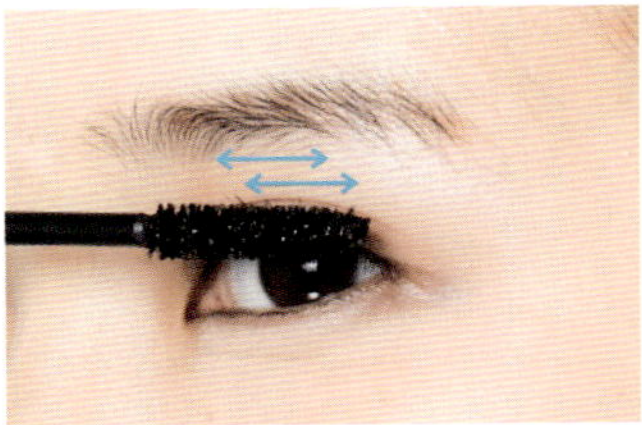

2

根元を持ち上げてからつけていく

根元にマスカラをつけそのまま数秒持ち上げキープしたあと、まつ毛の中間に向かってブラシを左右に動かしながらつけていきます。

▼

3

中間〜毛先は少なめにつける

まつ毛の中間から毛先にかけては、ブラシをスッとまつ毛の毛先方向に抜くようにつけます。毛先に重くつくとまつ毛が落ちてしまいます。

4

下まつ毛にもつけていく

下まつ毛は、ボリュームが必要ならば2のように左右にブラシを動かし、長さが必要ならば3のようにスッと下方向へ抜くようにつけます。

▼

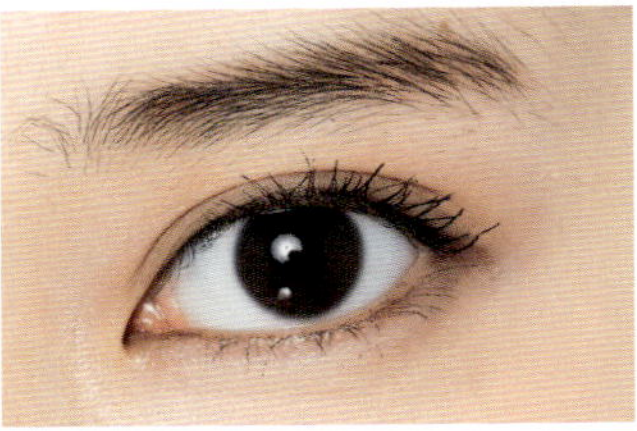

5

黒さが加わったまつ毛の完成

ひじきのようにかたまらず、まつ毛に自然な長さと濃さがプラスされました。マスカラの種類や色を変えれば雰囲気は異なります。

ビューラー・マスカラの使い方 応用

幅広目になれる扇形まつ毛

目尻にポイントを置けば目の幅が拡張されます

1

まつ毛を目尻方向にビューラーで上げる

まつ毛を上げるときに目の形に沿って目尻方向斜めに手首を返して上げます。全体用ビューラーで全体を上げてから、目尻のみ部分用を使うと小まわりがききます。

2

目尻を濃いめにマスカラをつける

マスカラは黒目の上は真上に、黒目から目尻にかけては目尻に向かい外側に向けるようにつけます。目尻のみ重ねづけすると強く締まります。

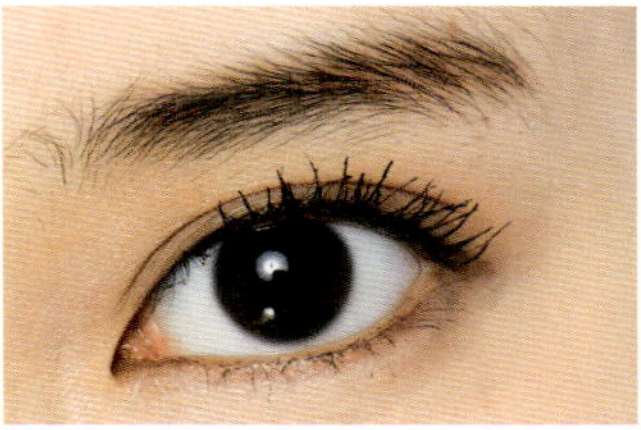

Point

ビューラーは手首を返しながら使うと、きれいなアーチができる

手首を返さずにビューラーを使うと、まつ毛がカクカク折れたり、根元がうまく上がりません。手首を返すことで自然でまるいカールを作ることができます。

ビューラーでまつ毛をはさんだら、手のひらを向こう側へ見せるように手首を返します。

Part.3

つけまつ毛

うまく選んで使えば、特別な日だけでなく、デイリーにも

「つけまつ毛」は"やり過ぎ感"や"つけた感"が出るアイテムと思われがちですが、オフィス使いもできるほど自然なものもたくさんあります。何かのトラブルでまつ毛が切れたり、ボリュームのあるマスカラでもお手上げなほど少ないとお悩みの場合には、ぜひ使ってみましょう。作りが細く薄い色を選べばなじみます。特別な日にはインパクトや個性のあるものをつけて非日常的な気分に。つける際に目のカーブに合わせ、目頭と目尻ののりは多めにすると取れにくくなります。

種類

日々使えるものから、長さやボリューム、色つきなど、シーンに合わせて選びましょう

ボリュームタイプ

まつ毛を多く見せてくれます。イベントにもグッド

デコラティブアイラッシュプレイガール no.07／SHO-BI

ナチュラルタイプ

普段使いで、自然に増量したいなら、毛が細めのものを選んで

アストレア ヴィルゴ アイラッシュ プロフェッショナル セレクション No.3／シャンティ

ブラウンタイプ

強過ぎずなじみやすく、やさしく見せてくれます

ブラウンつけまつ毛 B2 甘めパッチリ ドーリーピュア／ロージーローザ

細軸タイプ

軸が細いので、見た目がとても自然です

デコラティブアイラッシュ 細軸つけま No.8ヌード／SHO-BI

つけまつ毛のつけ方
基本

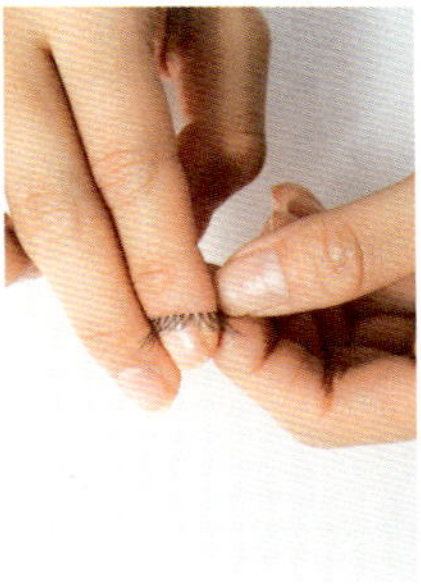

1

目のカーブに合わせる

つけまつ毛を指に巻きつけ、しばらくキープします。柔らかくなるので、自分の目のカーブに合いやすくなり、取れにくくなります。

▼

2

専用ののりをつける

つけまつ毛のキワではなく、断面部分にのりをつけます。まばたきでよく動き、はがれてきやすい目頭と目尻はやや多めにつけます。

▼

3

目頭からつけて固定する

まつ毛の生え際のすぐ上に目頭、中央、目尻の順に置き、つけまつ毛の中央あたりの毛を持ち、まぶたに軽く押しつけ10秒ほど固定。

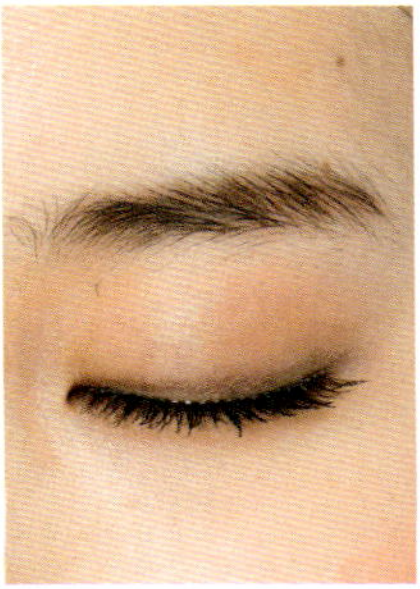

4

全体をチェックしアイラインを足す

目頭から目尻にかけて、貼れていないところがないか確認します。アイラインを足したりして、なじませれば完成です。

Part.3

チーク

血色感がカギ。入れる色と場所で顔の大きさ、丸さが決まる

「チーク」は血色や立体感を与える効果のほか、入れる場所に適したチークの色を選ぶと、全体にまとまりが出たり、顔の大きさや長さの印象を変えたりすることができます。チークにはクリームタイプとパウダータイプがあり、クリームはみずみずしいツヤを、パウダーは桃のようなふんわりした肌感を与えてくれます。初心者の人はベースメイクの質感に合わせるとよいでしょう。粉含みのよい大きめのブラシを使うとつき過ぎを防げ、仕上がりが安定します。

種類

ベースメイクの質感と、なりたいイメージに合わせてセレクトしましょう

クリームチーク

ぼかしやすく、つややかでいきいきした肌になります。基本的には手の指を使ってほおにのばしていきます

パウダーチーク

ふんわり色づき、毛穴カバー効果もあります。基本的には、チークブラシを使ってのせていきます

イエローベース

ヴィセ リシェ リップ＆クリームチーク OR-3 ブライトオレンジ／コーセー

ミックスブラッシュ コンパクト N 05サニーホリデー／ジルスチュアート ビューティ

ブルーベース

ヴィセ リシェ リップ＆クリームチーク RD-6 ベリーレッド／コーセー

ミックスブラッシュ コンパクト N 03ミルキーストロベリー／ジルスチュアート ビューティ

>>> チークをつける基本の位置

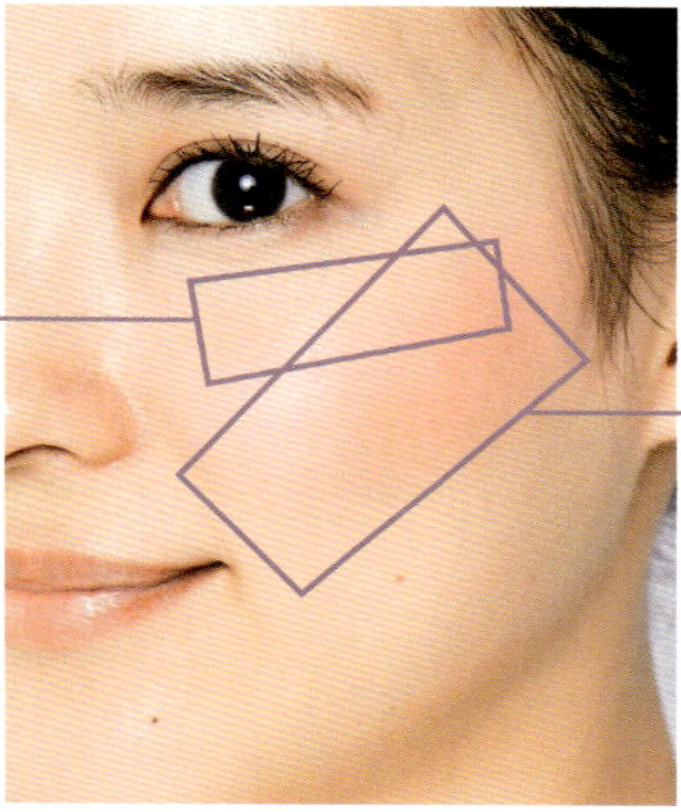

ほお骨

こめかみ下から小鼻にかけて目の下にある、横につながり出っ張った部分

ほお骨上～口角

どんな色でも決まる、いちばんオーソドックスな入れ方ができるライン

>>> チークによる印象の違い

ほお骨～あご

ほお骨からあごに向かって入れると、シャープな印象になります。ライン状に入れるのではなく、アーモンド形にぼかすともっと自然になります。合う色はシェーディングなどのブラウンや、肌より2～3段暗いトーンのものです。

ほお骨～口角（基本）

カジュアルシーンやオフィスなど、どんなTPOにでも合う、好感度の高い入れ方です。ほうれい線より内側にはのばさないようにすることが、若々しく、明るく仕上げるコツです。オレンジ、ピンク、レッド、何色でも合わせやすいです。

ほお骨～小鼻

ほおの高い位置に入れると、フレッシュでかわいらしく見えます。顔の側面よりも前面に入れることを意識すると血色感を与えられます。レッドや薄めのトーンのもので血色を与えたり、ビビッドカラーなどの色でチークを主役にしたりもできます。

パウダーチークののせ方 基本

〔ほお骨～口角〕

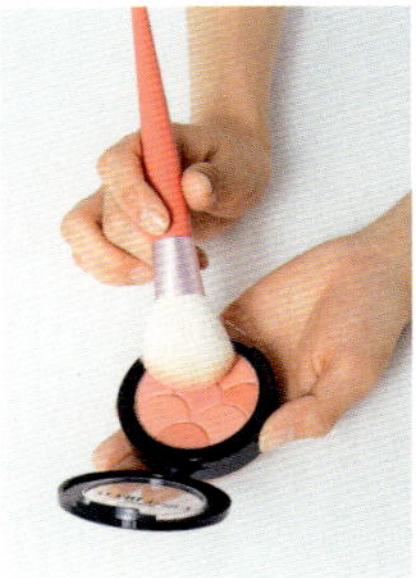

1
チークブラシに粉を含ませる
チークブラシをチークに対して横ではなく垂直に立ててぐるぐるつけ、ブラシの内部に粉をしっかり含ませます。

▼

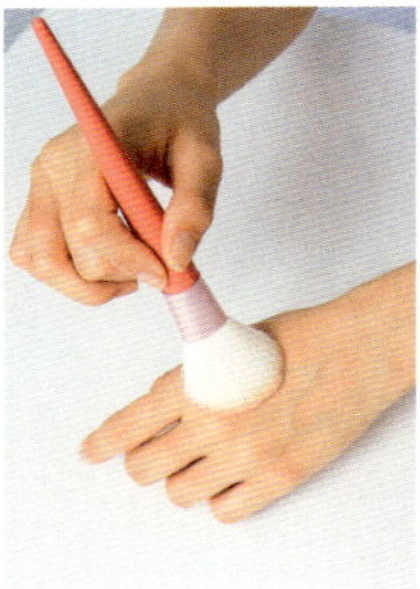

2
手の甲で余分な粉をはらい調節する
手の甲にチークブラシを当て、一度さらっと払い、チークブラシの表面や、断面につき過ぎた粉を落とします。

▼

3
小鼻の横にブラシをおく
小鼻の横にチークブラシの「毛先」が当たるようにおきます。粉を含んだブラシ部分から色がつき、実際には口角あたりに色がつきます。

4
縦に動かし、ほお骨へスライド
チークブラシを縦に動かし、ほお骨に向かってスライドしていきます。縦に動かすことでライン状につかず、ふわっと広がります。

▼

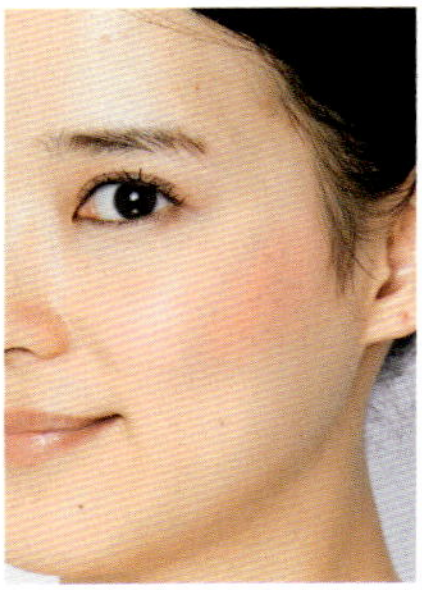

5
髪の生え際にもひとハケ入れる
髪の生え際にもひとハケすることで、顔と髪の境目がなじみ、チークのわざとらしさがなくなります。

Point

付属のブラシを使うときは、指でつぶしながら使うとグッド！

大きめブラシがないときは、付属ブラシを指で潰して広げて使うと粉含みが均一になり、仕上がりの美しさに差が出ます。

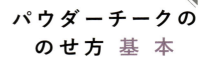

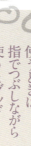

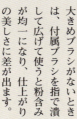

クリームチークののせ方 基本

〔ほお骨〜口角〕

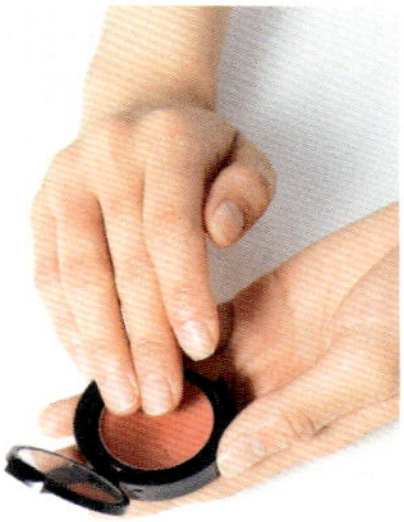

1

中指薬指の 2 本の指につける

中指と薬指の 2 本に、クリームチークをなでるようにしてつけます。

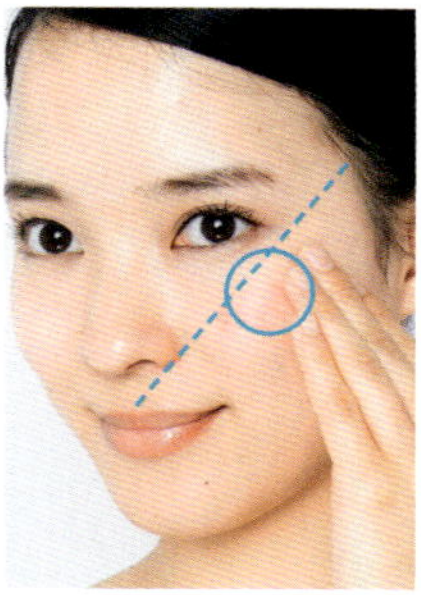

2

目尻寄りのほお骨が起点

クリームチークは最初につけたところが濃くつくので、小鼻と目尻の交差したほお骨から、口角へ軽く叩いたりなでたりして広げます。

▼

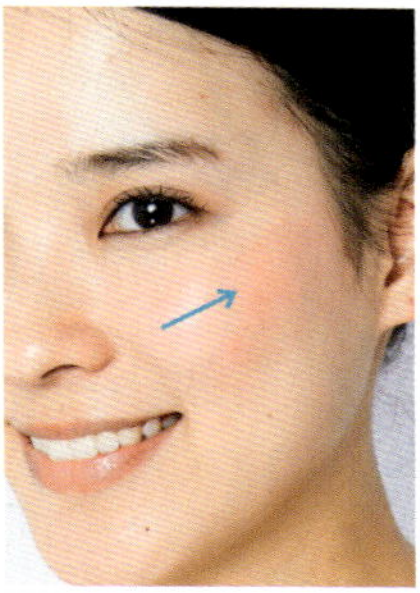

3

小鼻の横を指でなでて完成

指に残ったクリームチークを小鼻の横になでつけ、血色感を出して完成です。

Point

ポンポンチークは化粧直しにおすすめアイテム。活用してみましょう

毛穴カバーもでき、パフで皮脂もおさえられるポンポンチークを活用しましょう。断面を丸く使うだけでなく、斜めにして輪郭部分も活用するとブラシと変わらない仕上がりです。

イエローベース◎ポンポンミネラルチーク コーラルベリー／エトヴォス

ブルーベース◎ポンポンミネラルチーク ラメピンク／エトヴォス

チークののせ方 応用

立体顔に ほお骨〜小鼻

高い位置に入れてかわいらしさをアップ

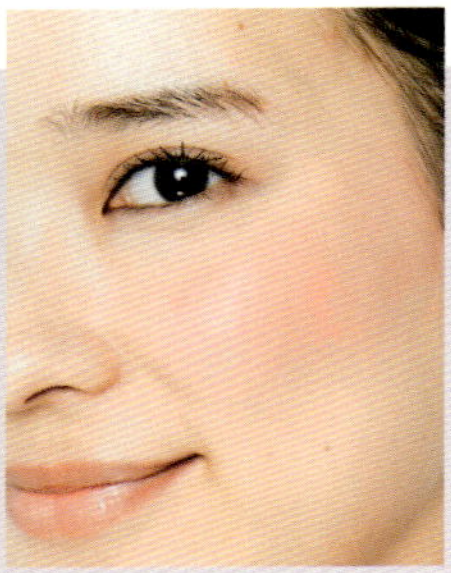

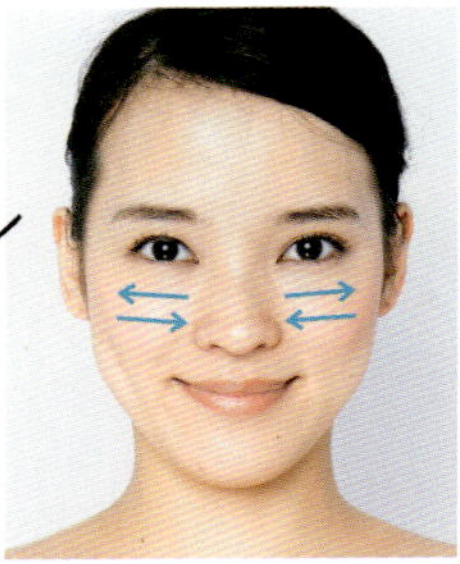

顔の長さを分断し、きゅっと短い輪郭に見せる！

はじめにつける位置は、基本と同じですが、縦に動かさず、ほお骨から鼻の頭までを、数回往復するようにしてチークブラシを動かします。

シャープに ほお骨下〜あご

ほお骨下にのせて、面長補正もできます

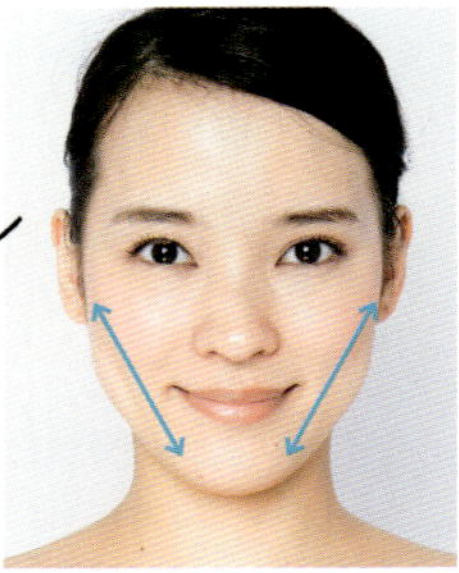

奥ゆかしくも凛とした印象の仕上がりに

ほお骨のやや下からあごにかけて、ささっとブラシを払うように動かしながらつけます。最後に髪の生え際にも入れます。

よりキュートに 丸形チーク

大人の丸形チークは、大きめに広げましょう

目線が左右に流れて、遠心的な愛されフェイスに！

目尻を起点に、目尻～こめかみ～眉尻のCゾーンを意識してチークブラシを動かし、大きな丸を描くように入れます。

上めに入れて ハーフ顔チーク

鼻の頭にも入れて、視線を中心に集めます

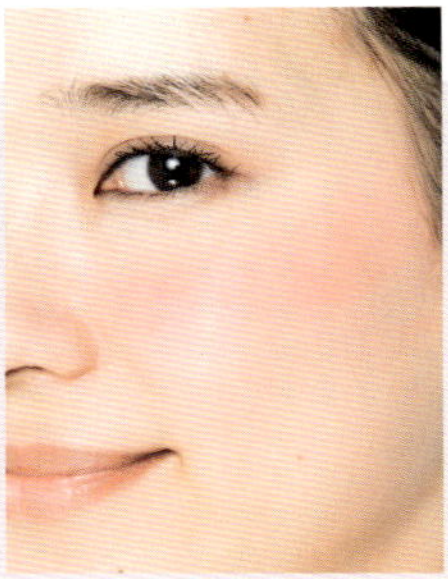

キュートでも大人っぽさがある仕上がりに

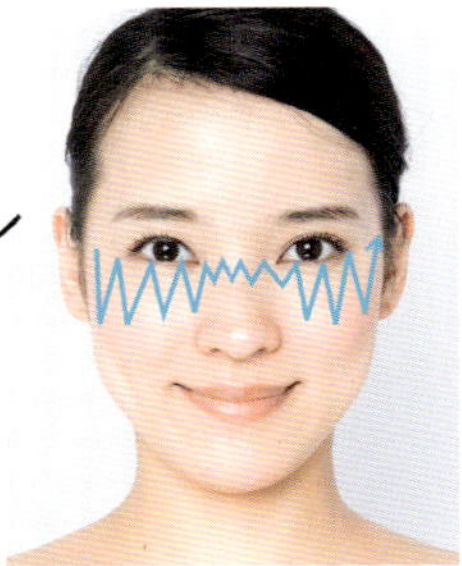

つけ方は基本と同じですが、つけはじめは頬骨のさらに高めの位置です。縦に動かしながら鼻を通ってスライドさせます。

リップ（唇）

唇を主役するかしないか。リップの色、質感、唇の輪郭で決める。

「リップ」はメイクの中でもいちばん落ちやすく、塗り直しが多い部分なので、化粧直しにパウダーを持たなくてもリップスティックは持つ人が多いでしょう。きれいに見せるには、まずリップが主役なのか否か、ほかのポイントメイクとのバランスを考えましょう。そして大きさ。輪郭を小さくとると途端に古めかしい印象に。唇の大きさジャストか、薄い唇なら１㎜ほどオーバーにします。大きくするときはリップペンシルを使うと消えにくく美しい仕上がりに。

種類　唇が主役なら、ペンシル、リップ、グロスのフルコース、脇役ならばこのうち１～２個にして塗り方もラフに

ペンシル

輪郭をとるときは、使うリップよりも一段暗めに

マリークヮント アウト ライン 18 アンティーク ローズ／マリークヮント コスメチックス

リップスティック

本来の唇の素の色を消し去り、色みと潤いを与えます

エスプリーク リッチフォンデュルージュ　RO662やさしいフラワーローズ／コーセー

グロス

潤いやツヤを与えます。単独で使ってもリップに重ねても

ちふれ リキッド ルージュ 130ピンク系パール／ちふれ化粧品

>>> リップメイクのポイント

山

唇の山のアウトラインがしっかりとられているほどきちんと感が出る。ラフに仕上げたいときは山がなだらかになるようにリップをのせる

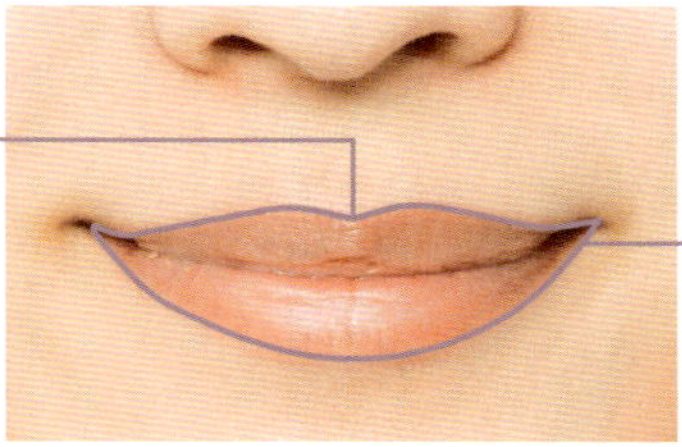

リップライン

唇の輪郭のこと。リップラインをとることで唇がはっきりと見えてくる

色　落ち着いた場面にはブラウンやベージュ、唇が主役ならビビッド色を。いずれも肌に合わせたカラーをチョイスして

ベージュ系	レッド系
オフィスメイクなど、顔にまとまりがほしいときに。デイリー使いができるので1本は持っておきましょう	ビビッドカラーはリップが主役のメイクに。モノトーンの服装のときもポイントにすれば、唇が映えておしゃれな雰囲気に

イエローベース

セザンヌ　ラスティンググロスリップ OR1オレンジ系／セザンヌ化粧品

ヴィセ　リシェ カラーポリッシュ リップスティック RD420 スタイリッシュなネオンレッド／コーセー

ブルーベース

セザンヌ　ラスティンググロスリップ BE2ベージュ系／セザンヌ化粧品

ヴィセ　リシェ カラーポリッシュ リップスティック RD421 レディな印象のピュアレッド／コーセー

リップスティックのぬり方

基本

※直ぬりの方法です。リップブラシを使う「筆ぬり」ときは、ブラシにリップを適量とって左ページの「ペンシルのぬり方基本」のようにぬります

1

リップスティックを、適量くり出す

リップスティックを3㎜ほどくり出します。長く出しすぎると折れたり、まわりが汚れたりするので使う分だけにします。

▼

2

唇の中央からぬっていく

唇の中央部分、粘膜側からざっくりと、輪郭近くまでぬり広げていきます。ムラのないよう何度か往復し均一の濃さにします。

▼

3

山と輪郭をぬっていく

リップスティックのエッジを上唇の山に合わせ中央から左右に半円を描くよう口角へ向かってぬります。下唇は口角から口角へ一気に。

4

口角部分を仕上げる

口を軽く開け、上唇と下唇の間の口角部分をつなぐようにぬります。粘膜の色が薄い人は特にしっかりと。上唇と下唇を軽くすり合わせ完成へ。

▼

5

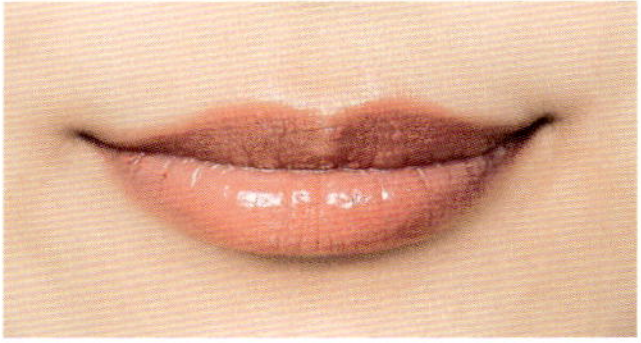

ラフな直ぬり唇が完成

直ぬりでも輪郭をとっているので、色を選べば充分きちんと見えるリップメイクです。よりきちんと見せたい場合は、このあと、ペンシルのぬり方2を参考にして、ペンシルでリップラインをとります。

トレンドのカジュアルな印象に

グロスのぬり方
基本

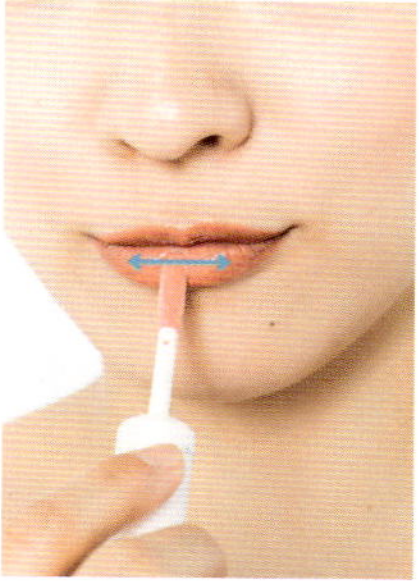

1
唇の輪郭以外にのせる

リップスティックのぬり方の2と同じく、唇中央の粘膜側からぬりますが、輪郭を残して一旦止めます。

▼

2
山の部分以外の輪郭にのせる

グロスのみで仕上げるなら山の輪郭近くを避けるとだらしなく見えません。下唇は口角から口角をつなぎ、唇を軽くすり合わせ完成へ。

▼

3
ツヤ肌に合うナチュラル唇に

パール感の弱い透け感あるグロスならナチュラルに。パーティやカジュアルならばしっかり色づくものやパール入りが◎。

ペンシルのぬり方
基本

※ペンシルだけを使ったぬり方を紹介
※ラインだけとる場合はリップスティックでぬってからペンシルでプロセス2を参照してとります。

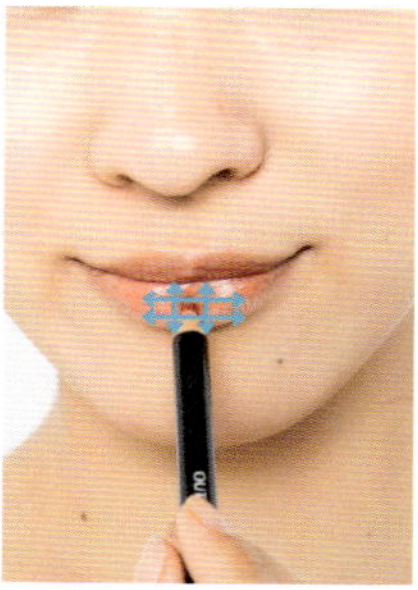

1
縦横に動かしぬりつぶす

リップスティックのぬり方の2と同じく、唇中央の粘膜側からぬりますが、ペンシルは細いのでムラにならないよう縦横に動かしぬります。

▼

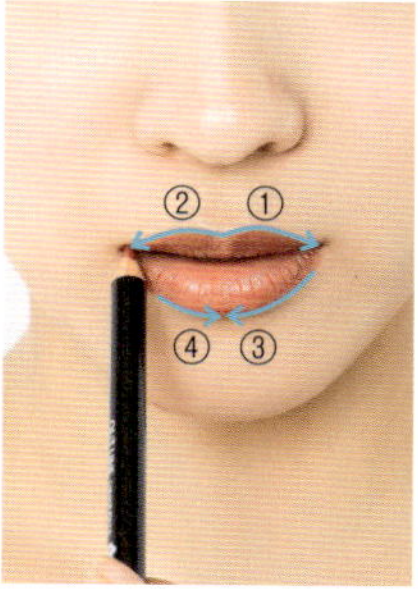

2
ていねいに輪郭を描く

①から④の順番で、輪郭をとり口角もつなげます。唇を下から鏡で見てラインのがたつきや途切れがないかチェックします。

▼

3
マットで引き締まった唇に

ペンシルでぬりつぶせば飲食しても落ちにくい唇の完成です。グロスをのせる場合は落ちやすくなるので輪郭を避けて控えめに。

自分の目の形を生かすメイク＆カバーするメイク

1 ぱっちり二重編

大きな瞳はおまかせ。派手になり過ぎないよう注意して

ぱっちり二重さんは縦幅の大きい瞳が特徴です。顔に占める目の割合が大きく、かわいらしく、小顔に見えます。多い悩みは二重幅が大きいと眠そうに見える、派手になりがち、ダーク

目の幅を
さらに広げて
つぶらな瞳を演出

After

生かす

Eyeshadow

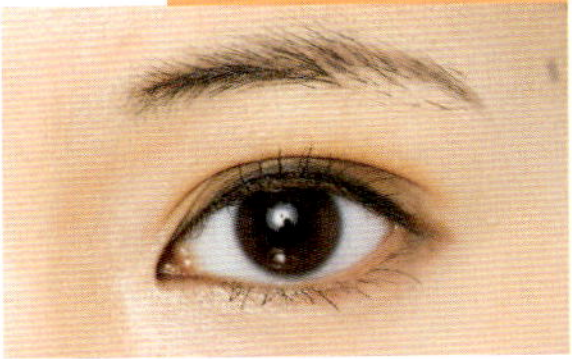

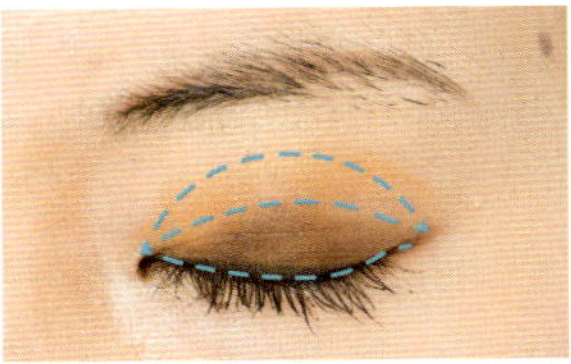

「アイシャドウのぬり方基本」の、黒目重心(P58)のようにぬると、目の縦幅がさらに強調されるので目が丸い印象に。下まぶたもたれ目に入れたり、涙袋もプラスするとどんどん大きく見えますが、やり過ぎに注意。メイク全体のバランスを見ながら引き算もしましょう。チークやリップも丸く合わせると愛らしく仕上がります。

カラーが重い、など。それぞれ、アイラインの適性な太さを見つける、ダークカラーを省略する、アイシャドウの色選びを肌に合わせる、を意識すると、ぱっちり二重を生かしたメイクができます。クールにするにはアイシャドウとアイラインを長くのばして目尻にポイントを。

Before

**幅広二重は
童顔になりがち。
オフィスでは
カバーメイクを**

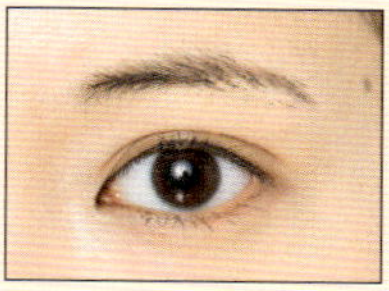

**長めアイラインで
目の横幅を
のばして**

After

カバーする

Eyeshadow

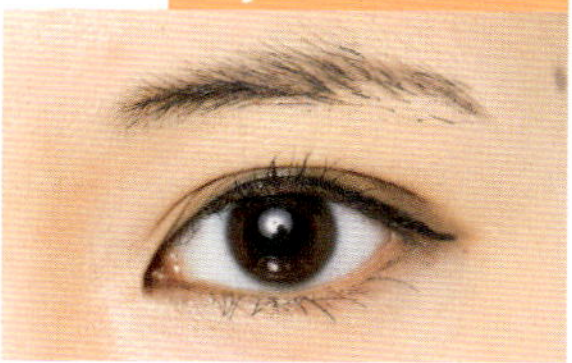

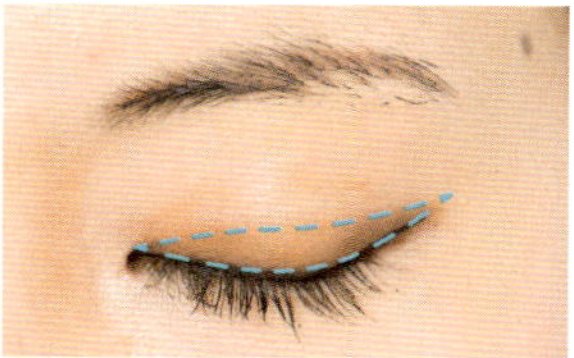

オフィスなどで大人っぽくしっかり見せたい、クールな服を着たい、というときには「アイシャドウのつけ方基本」の、目尻重心のぬり方(P60)を参考にしましょう。アイラインは長さをプラスして下目尻からのラインに合わせて少しだけはね上げると自然な切れ長ラインになります。チークはほお骨〜あごラインに。リップは輪郭を意識するとシャープに見えます。

自分の目の形を生かすメイク＆カバーするメイク

② 奥二重・一重編

大きくするも生かすも、自分の目を無視しないアイメイクがカギ

まぶたが二重に被っている奥二重さんと一重さんはクールなメイクがお似合い。多い悩みは目が小さい、まぶたにメイクがつく、腫れぼったい、ガーリーなイメージになりづらい、など。

囲みアイメイクでクールさをアップ

After

生かす

Eyeshadow

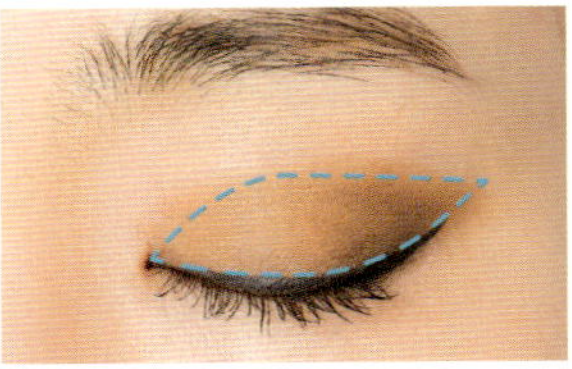

「アイシャドウのつけ方基本」の、目尻重心(P60)を参考に、やや黒目上から高さを出すように入れます。アイラインは上まぶたがはね上げライン、下まぶたは黒目からそのはね上げラインにつなげて目尻をさらに外側に広げた半囲み目にすると雰囲気のあるスモーキーメイクに。ラインの太さは、奥二重さんは細めで二重を潰さず、一重さんは太めに入れて強調を。

解決するにはそれぞれ、縦幅・横幅を大きくする、目を開けたときにヨレる部分をあらかじめパウダーでしっかりおさえておく、薄いトーンを使わないことです。少女のような黒目がちな瞳にするには、黒目重心アイシャドウのダークカラーを、目を開けた状態でも見えるくらいに太く。

Before

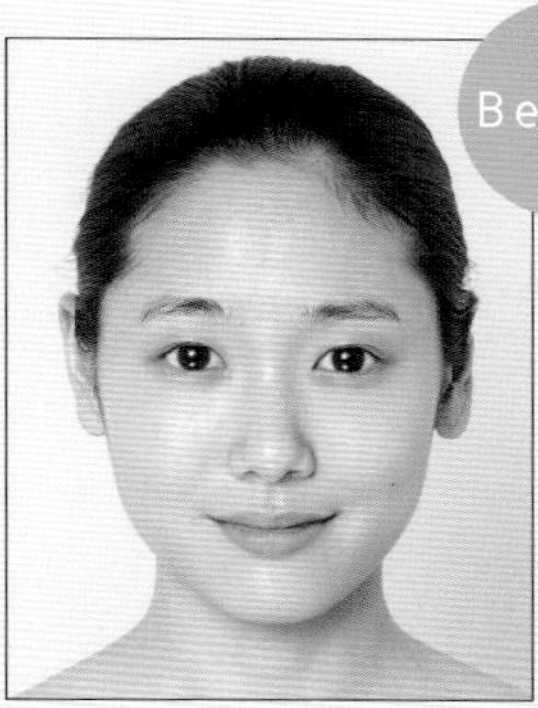

クールな目元を
生かした
大人メイクが似合う

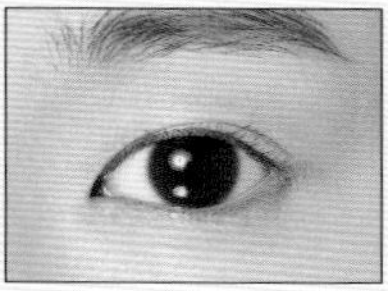

黒目重心の
アイメイクで
目を縦幅を広げて

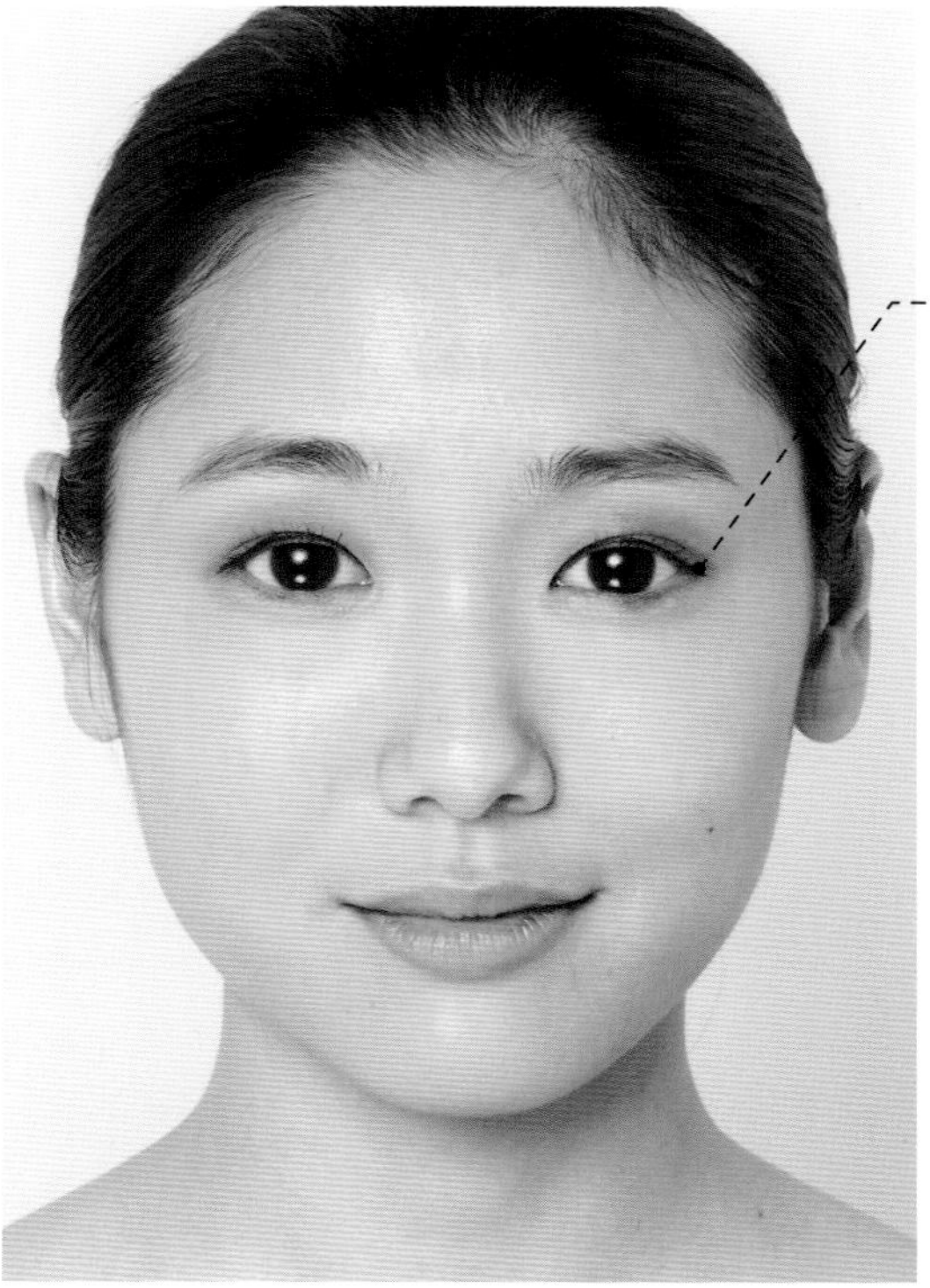

After

カバーする

Eyeshadow

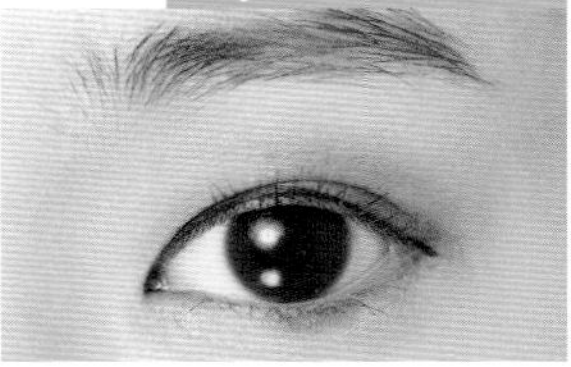

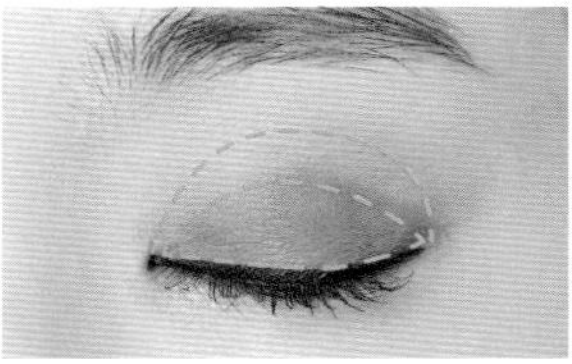

目を大きくしたい、かわいく見せたいなら、「アイシャドウのつけ方基本」の黒目重心（P58）で、ダークカラーを目を開けた状態でも見える位置までマークし、ミディアムカラーとなじませます。濃い色でグラデーションを作ると目元にホリ感が出ます。下まぶたにも黒目重心でダークカラーを。ラインは極細～細めで黒目上のみ2本分の太さを出してもOK。

★ ★ ★

アイメイクをもっと楽しくする おすすめアイテム

顔の印象を大きく左右するアイメイク。
そんなアイメイクの便利アイテムをご紹介します。

涙袋アイカラー

＼瞳に光が入って ピュアな印象に／

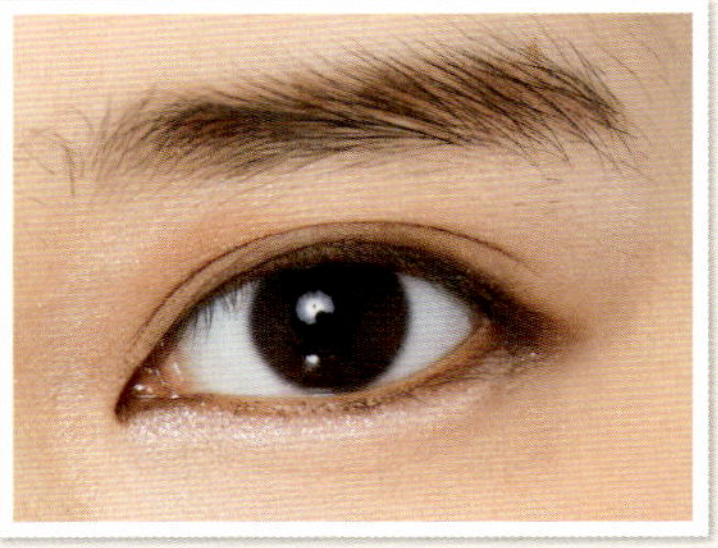

テンカーウィンク 涙袋アイカラー〈ピンクベージュ〉／桃谷順天館 ジュネフォース事業部

大人の愛され ドーリーメイク

発色のよいパールのパウダーが配合されたアイカラー。下まぶたに引くことで、目元を立体的に見せ、涙袋を印象づけます。パール効果で白目もクリアな印象に。アイメイクのにじみを防ぎ、パンダ目を防ぐ効果も。

つけまのおふろ

＼つけまつ毛が長持ちするのがうれしい！／

いくつものつけまつ毛をまとめてつけおきできます。

アイツール つけまのおふろ／石澤研究所

使ったつけまつ毛を ひと晩つけるだけの洗浄液

つけまつ毛は一度使ってそのままにしておくと、のりが固まって汚れてしまいがち。でも、この洗浄液に外したつけまつ毛をひと晩つけておくだけで、のりやメイク汚れがきれいにとり除かれます。面倒くさがり屋さんでもかんたん！

Part.4

組み合わせでアレンジ無限大

イメージ別メイク集

ＰＡＲＴ２、３でマスターしたテクニックを組み合わせて、なりたいイメージの顔に近づけましょう。組み合わせ方は無限大。その中でも使える20メイクを紹介します。

Part. 4

イメージ別メイクの基本

組み合わせを変えて「メイクのしまわし30days」に挑戦！

ベースメイクとポイントメイク、それぞれのイメージバリエーションと基本のテクニックを覚えたら、あとは「洋服の着まわし」のように、さまざまなメイクに挑戦していきましょう！

とはいえ、「どのシーンにはどんなメイクが合うか」や「組み合わせのバランス」は、センスや経験が必要で、すぐにはマスターできないかもしれません。

ここでは代表的な場面や職業・職種、ファッション、トレンドやメイクアイテムに合わせていくつかのイメージメイクを用意してみました。各イメージに使っているアイテムや、採用したパーツの形（ポイントメイクの「基本」または「応用」）がテクニック一覧になっているのでこちらを参考にイメージメイクのパターンをつかみましょう（見方は左ページ参照）。試しながら「モデルさんと肌の色が違うから似合う色にしてみよう」や「顔形が違うからチークの入れ方を変えてみよう」など、メイクの仕方を足し引きしていくとよりあなたのよさが引き立つ、似合うメイクになっていきます。

覚えておきたいイメージメイクのコツ

● TPOでメイクを変えてみる

本書のメインテーマです。コスメの色や質感を整えたあと、ポイントメイクの範囲や入れるラインなどをイメージに合わせ調節します。さまざまなテクニックを使っても向かうイメージはひとつであることを意識しましょう。

● 迷ったら基本を見直す

迷ったりするのは、「自分のパーツがそこにあるからメイクする」というういつもの自分に戻りつつあるせいかも。思い切りのよい変化のある仕上がりのために、何度でも基本のパートを見直してください。

● よい道具をそろえる

プロになりたてのヘアメイクアップアーティストはまずよい道具をそろえます。使い古したスポンジやチークブラシなどは、ムラやつき過ぎ、メイクの崩れの原因になりがち。道具の力に頼るだけで見違えるほど美しい仕上がりに。

組み合わせテクニックの見方

❶ベースメイク
ベースメイクで使ったアイテムです。「コンシーラー」や「コントロールカラー」の表記がない場合でも、自分の肌の状態に合わせて使いましょう。プロセスはP20～で確認を

❷アイブロウ
眉の位置と形です。基本はP50～、応用はP52～のそれぞれのテクニックの名称が書いてあります。また「太い」「細い」なども参考にしましょう。

❸アイメイク
ぬり方は黒目重心P58～、目尻重心P60、目頭重心P61です。囲み目シャドウ、たれ目シャドウはP59参照。２色や１色の場合もありますので、各ページで確認を。アイラインは基本P63～、応用はP65です。ペンシルかリキッドかもチェック。ビューラー・マスカラはP67～でプロセスを確認しましょう。

❹チーク
チークの入れ方です。基本はP74～、応用はP76～のそれぞれのテクニックの名称が書いてあります。パウダーかクリームかもチェックして。

❺リップ
リップのつけ方の種類です。リップスティックの直ぬりはP80、ペンシル、グロスはP81で確認をしてください。

※各メイクページの左ページ（シーズンメイクは該当ページ）の「How to make-up」も参照してください

組み合わせテクニック

❶ Basemake
BBクリーム➡パウダーファンデ

＋

❷ Eyeblow
眉間近め眉×角度眉

＋

❸ Eyemake
目尻重心アイシャドウ➡はね上げライン（リキッド）➡ビューラー・マスカラ基本

＋

❹ Cheek
基本（パウダー）

＋

❺ Lip
スティック直ぬり＆ペンシルライン

INDEX

基本と応用テクニックでできるバリエーションメイク

style 01

ハーフマット肌でオフィシャル感を出す オフィス外勤 営業メイク

＼こんな印象！／

[
- しっかりしていて芯が強そう
- 発言力がある
- かわいらしさもある
]

組み合わせテクニック

Basemake

下粧下地➡リキッドファンデ➡フェイスパウダー

＋

Eyeblow

眉間近め眉

＋

Eyemake

目尻重心アイシャドウ➡はね上げライン（リキッド）➡ビューラー・マスカラ基本

＋

Cheek

基本（パウダー）

＋

Lip

スティック直ぬり&ペンシルライン

How to make-up!

Base & Cheek

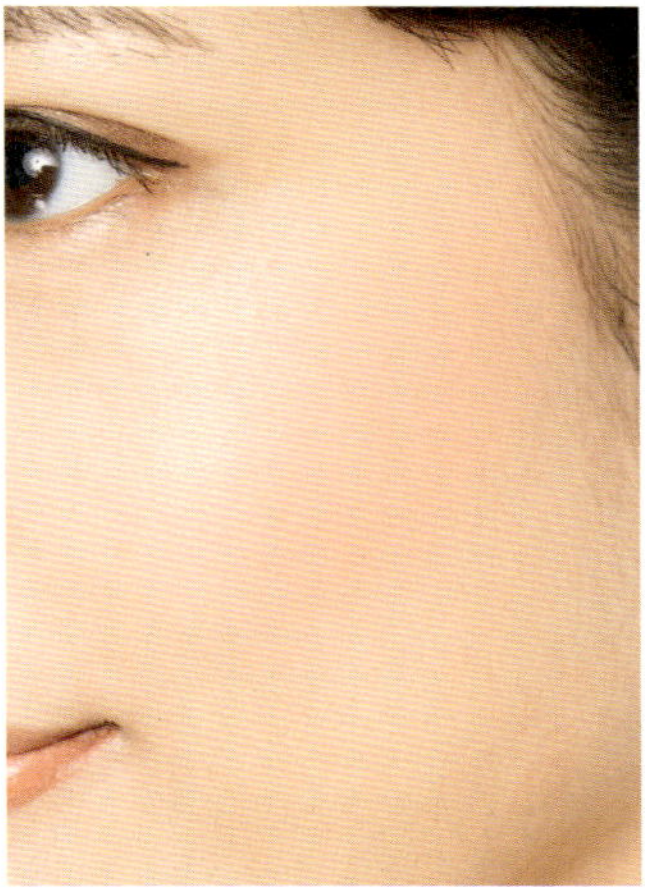

オフィシャルな場でもなじむハーフマット肌に仕上げて

下粧下地とリキッドファンデーションでしっかりカバーした肌にフェイスパウダーで仕上げることで、オフィシャルな場面でもテカテカしないハーフマット肌に。チークは、肌なじみがよくかわい過ぎないピンクをチョイスすれば、落ちついた印象を与えられます。

Eyebrow & Eye

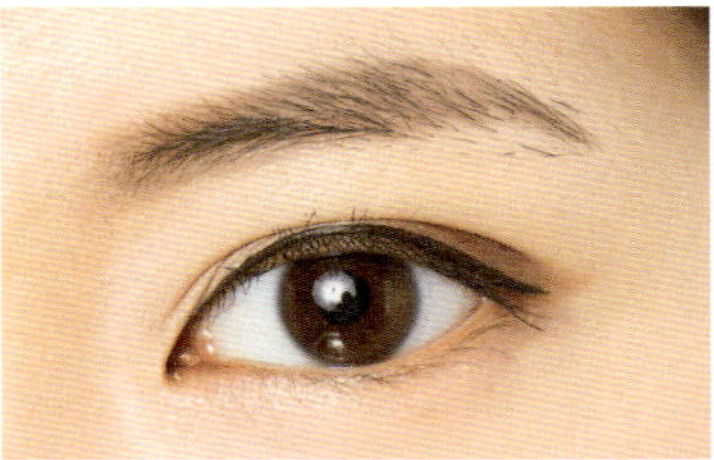

ポイントは信頼感をアップさせる眉とアイラインの「線」

眉は眉頭をしっかりと濃く描きましょう。信頼感を与えられる顔つきになります。決断力の強い目を作るために、アイラインはリキッドアイライナーを使ってはね上げを意識して。アイシャドウはベーシックなブラウンがおすすめ。

Lip

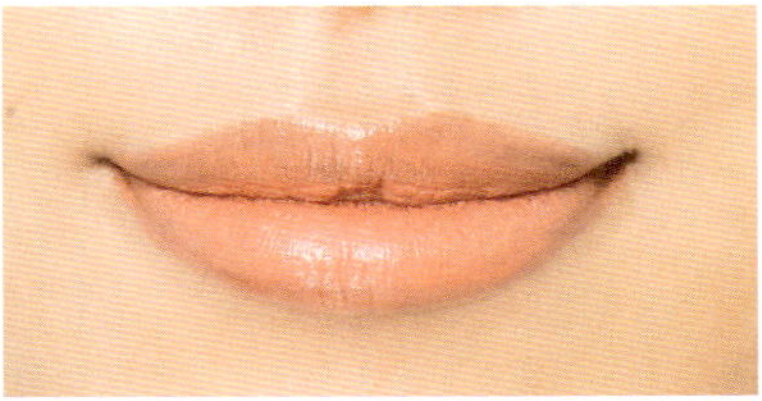

リップラインをとることで唇に意志の強さを与える

色はベージュ系を。まず、リップスティックを直ぬりし、そのあと唇の山を高めにペンシルでリップラインをとり、唇に意志の強さを与えます。グロスはカジュアルになり過ぎるので使いません。

※ラインのとり方はP81「ペンシルのぬり方基本」プロセス2参照

ⓐインテグレート アイブロー＆ノーズシャドー BR731／資生堂　ⓑスウィーツスウィーツ シャイニードルチェシャドウ 03 ショコラモンブラン／シャンティ　ⓒラブドロップス インパクトアイライナー／石澤研究所　ⓓラブ・ライナー トリートメントマスカラロング／msh　ⓔパルガントン チークデコ CD45サンセットオレンジ／ドド・ジャパン　ⓕポール & ジョー リップライナー デュオ 01／ポール＆ジョー ボーテ　ⓖちふれ 口紅（詰替用）647ベージュ系、ちふれ 口紅 ケースメタル 1 ピンク／以上ちふれ化粧品

style 02

角度あり眉が意志の強さを物語る オフィス外勤 打ち合わせメイク

組み合わせテクニック

Basemake
BBクリーム➡パウダーファンデ

＋

Eyeblow
眉間近め眉×角度眉

＋

Eyemake
目尻重心アイシャドウ➡はね上げライン（リキッド）➡ビューラー・マスカラ基本

＋

Cheek
基本（パウダー）

＋

Lip
スティック直ぬり&ペンシルライン

＼こんな印象！／

- ☑ やさしくて包容力がありそう
- ☑ 信頼感がある
- ☑ 大人の落ち着きがある

How to make-up!

Base & Cheek

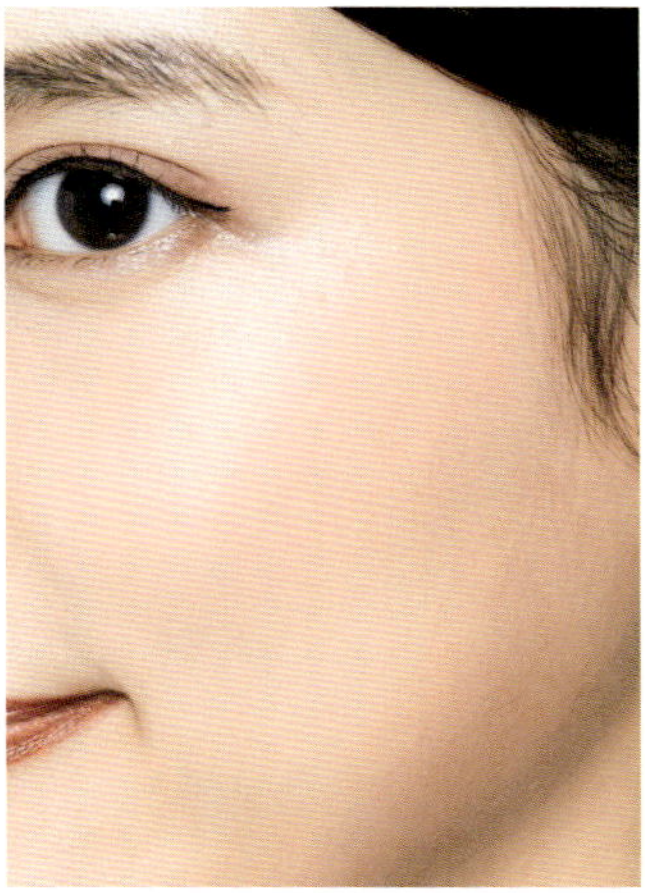

コーラル系のチークはふんわり。つけ過ぎない

ベースメイクにBBクリームを使えば忙しい朝でも時短に。パウダーファンデーションでしっかりと油分をおさえると、カジュアルになり過ぎず、初めて会う人にも好感が持たれる陶器肌に。チークはコーラル系。目元を強調するために、つけ過ぎには注意しましょう。

Eyebrow & Eye

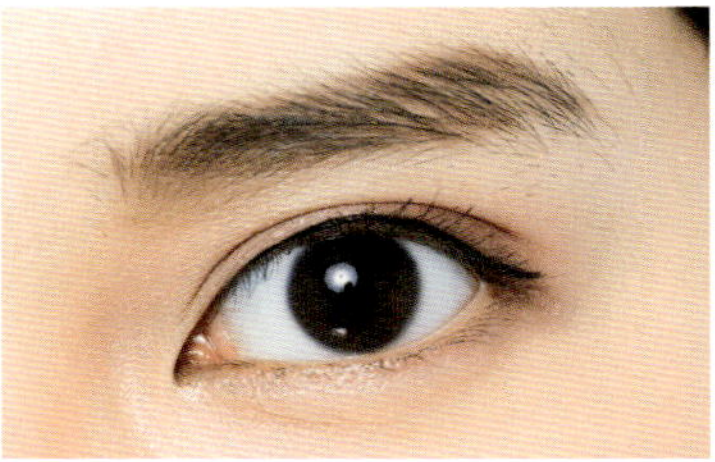

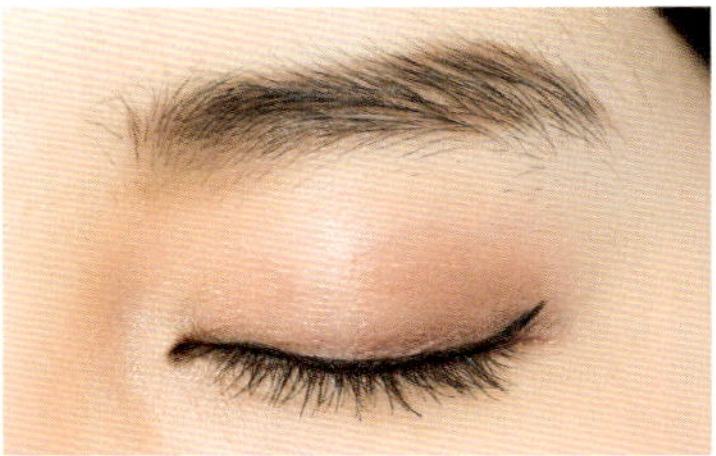

角度のついた太め眉で意志の強さをアピール

パープル系ブラウンで印象に残る目元に。目尻重心でダークカラーとミディアムカラーを強めにオンしたあとは、アイラインは細くはね上げてより目元を強調。眉頭の下から濃く描き、角度もしっかりつけた眉からも意志の強さを感じさせます。

Lip

言葉を発する唇はリップラインをしっかり

言葉を交わす打ち合わせだから、唇もポイント。ペンシルでしっかりリップラインをとりましょう。リップスティックは落ち着いたレッド系を選べば、顔色が明るくなり快活なイメージに。

※ラインのとり方はP81「ペンシルのぬり方基本」プロセス2参照

使用キーアイテム

ⓐセザンヌ エアリータッチシャドウ 04カシスブラウン／セザンヌ化粧品　ⓑマキアージュ トゥルーアイシャドー RS721／資生堂　ⓒケイト スーパーシャープライナーA BK-1／カネボウ化粧品　ⓓコフレドール スマイルアップチークス 02 ピーチ／カネボウ化粧品　ⓔキスミー フェルム リップライナー 02ソフトブラウン／伊勢半　ⓕエスプリーク リッチフォンデュルージュ RD462おだやかなナチュラルレッド／コーセー

style 03

オフィス内勤 事務職メイク

目元で親しみやすい雰囲気を作る

\ こんな印象！ /

- ☑ やさしそう
- ☑ 明るい雰囲気
- ☑ とても親近感が持てる

組み合わせテクニック

Basemake
化粧下地➡パウダーファンデ

＋

Eyeblow
眉間遠め眉

＋

Eyemake
目頭重心アイシャドウ➡アイライン基本（リキッド）➡ビューラー・マスカラ基本

＋

Cheek
基本（パウダー）

＋

Lip
スティック直ぬり

How to make-up!

Base & Cheek

Yシャツや制服にも合う マット肌に

パウダーファンデーションで仕上げたマット肌。Yシャツや制服にもよく合います。カバー力を高めたいならBBクリームをフェイスパウダーでおさえるのでもOKです。チークはオレンジ系やピンク系でほんのり血色をプラスしましょう。

Eyebrow & Eye

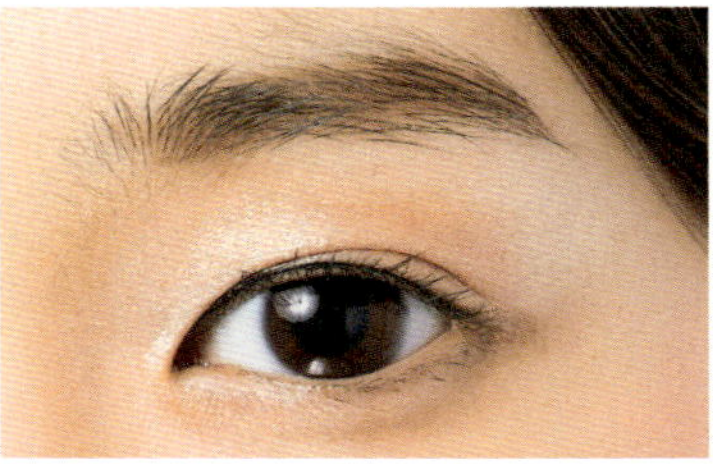

上司からも後輩からも 好感度の高いナチュラルな目元

眉は、眉頭よりも少し外側から描いて眉同士を離すことで柔らかい雰囲気に。どの世代からも親しみやすい雰囲気を作ることができます。アイシャドウはブラウンよりもオレンジやピンク系の明るいカラーを使うことでより親しみ度アップ。

Lip

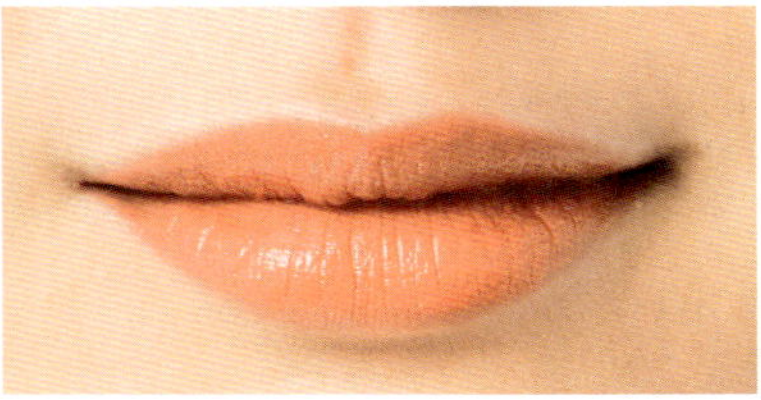

派手過ぎず地味過ぎない マイルドカラーでやさしい笑顔に

セミマットのリップスティックを直ぬりで。Yシャツなどのコンサバスタイルや制服の場合、唇が地味過ぎると服装に負けてしまい、逆に派手過ぎると顔が浮いてしまいます。マイルドなオレンジやベージュカラーを選ぶのがおすすめです。

使用キーアイテム

ⓐヴィセ リシェ シマーリッチアイズ OR-2オレンジ系／コーセー ⓑリキッドアイライナー WP ブラック／エテュセ ⓒヒロインメイク ロング&カールマスカラ スーパーフィルム／伊勢半 ⓓドド チョコチーク CC20オレンジ／ドド・ジャパン ⓔヴィセ リシェ カラーポィリッシュ リップスティック OR-220赤みのあるマイルドなオレンジ／コーセー

style 04

オフィスに華やかさをプラス

オフィス内勤 受付メイク

＼こんな印象！／

- 女性らしいオーラがある
- 華やかで品がある
- 親近感があって話しやすい

組み合わせテクニック

Basemake
化粧下地➡コントロールカラー➡リキッドファンデ➡パウダーファンデ

＋

Eyeblow
アーチ眉×眉間遠め眉

＋

Eyemake
黒目重心アイシャドウ➡アイライン基本➡ビューラー・マスカラのつけ方基本

＋

Cheek
基本よりやや高く（パウダー）

＋

Lip
スティック直ぬり＆ペンシルライン

How to make-up!

Base & Cheek

高めにのせたチークで、印象に残る笑顔に

まず、イエローのコントロールカラーをほおを中心に塗り、肌のくすみをとります。次にリキッド&パウダーファンデーションでしっかりカバーされたソフトマットな肌を作り出します。チークは基本よりもやや高めの位置に入れることで、笑顔が印象的になります。

Eyebrow & Eye

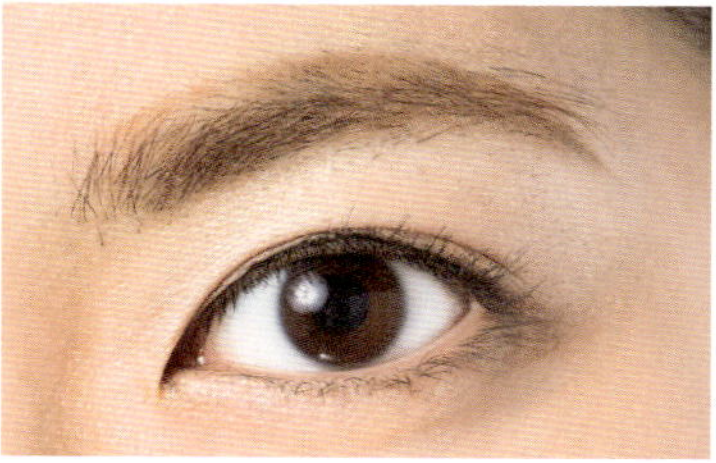

控えめなアイメイクでも親近感と華やかさを生み出す

眉毛は自然なアーチを作ってやさしく柔らかな印象に。眉と眉の間を広くすることで親近感が持てる顔に。アイシャドウにはダークカラーを使わず２色で。ラインも細めでメイク感は控えめにすることで、親しみやすさと華やかさを生みます。

Lip

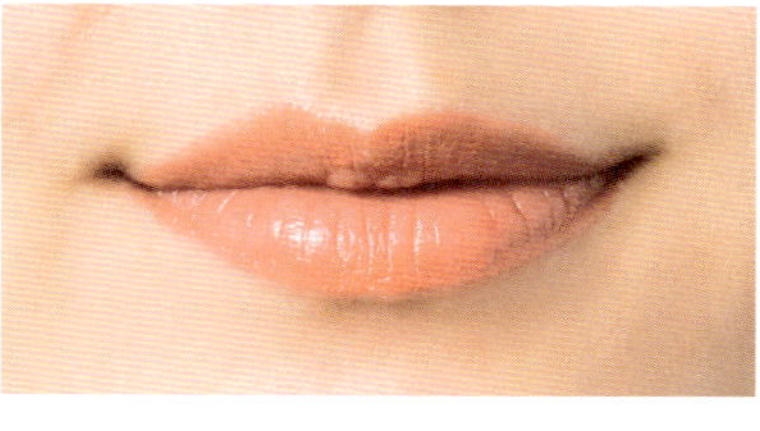

リップラインをとって、口角がきゅっと上がった口元に

リップはスティックを直ぬりしてからペンシルで唇の輪郭をとりましょう。唇の山の高めから口角を作るイメージでラインをとると、口角が上がって見え、好印象を持たれます。

※ラインのとり方はP81「ペンシルのぬり方基本」プロセス2参照

使用キーアイテム

ⓐスージー コントロールカラーベース 02ナチュラルイエロー／スージーニューヨーク ディヴィジョン ⓑナーズ ソフトベルベットルースパウダー 1420／ナーズ ジャパン ⓒコフレドール ソフトグラマラスアイズ 02ピンクバリエーション／カネボウ化粧品 ⓓマリークヮントトーカティブ アイズ 01 エボニー ブラック／マリークヮント コスメチックス ⓔシェリーリボン マスカラロング／msh ⓕミックスブラッシュ コンパクト N 05 sunny holiday／ジルスチュアートビューティ ⓖセザンヌ ラスティンググロスリップ OR1 オレンジ系／セザンヌ化粧品

style
05

普段に似合う肩肘張らないメイク
超ナチュラル

＼こんな印象！／

- ☑ かわいらしい
- ☑ リラックス感がある
- ☑ カジュアル服が似合う

組み合わせテクニック

Basemake
化粧下地➡
リキッドファンデ➡
フェイスパウダー

＋

Eyeblow
目と眉近め眉

＋

Eyemake
アイホール全体に
アイシャドウ（P99参照）
➡アイライン基本➡
ビューラー・マスカラ基本

＋

Cheek
基本（パウダー）に
ひとハケ（P99参照）

＋

Lip
スティック直ぬり

How to make-up!

Base & Cheek

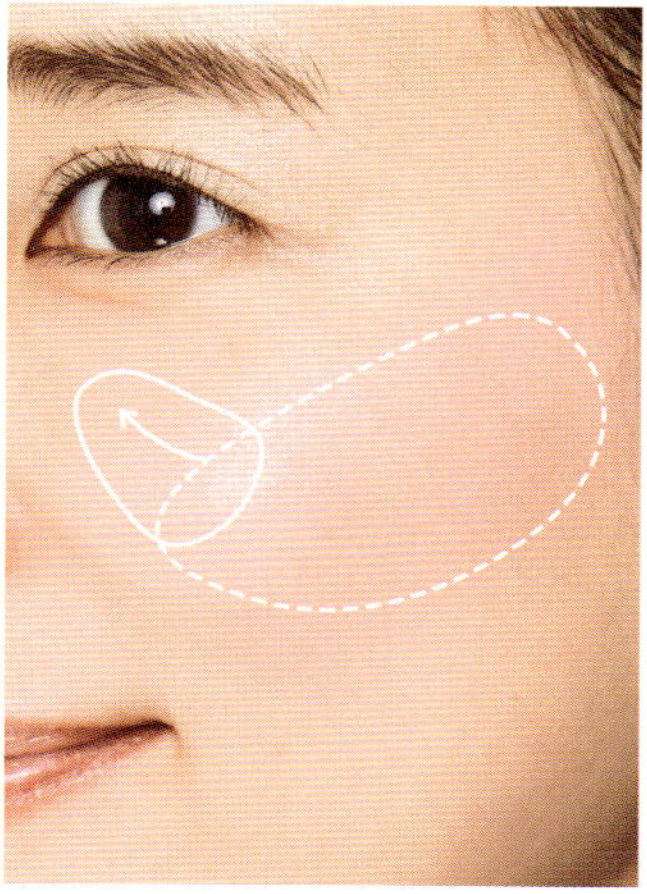

チークにひとハケプラスすることで奥行きが出る

保湿力の高いクリームファンデーション（ぬり方はリキッドと同じ）をフェイスパウダーでおさえ、スキンケアブランドのミューズをイメージした質感に。チークは、基本ののせ方をしたあと、ひとハケをプラス（写真参照）。顔に奥行きを出します。

Eyebrow & Eye

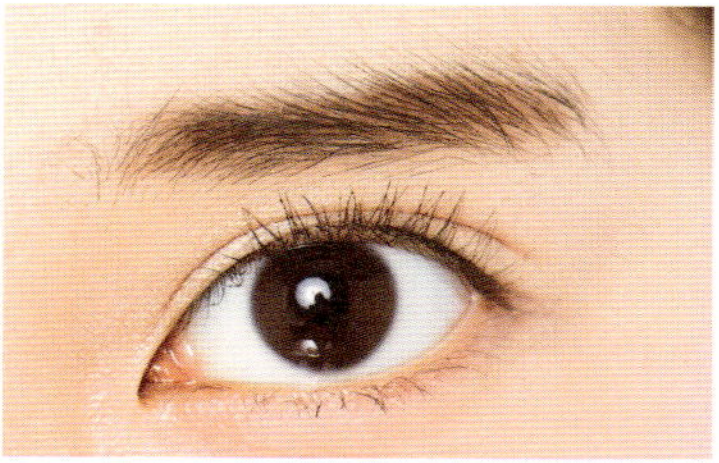

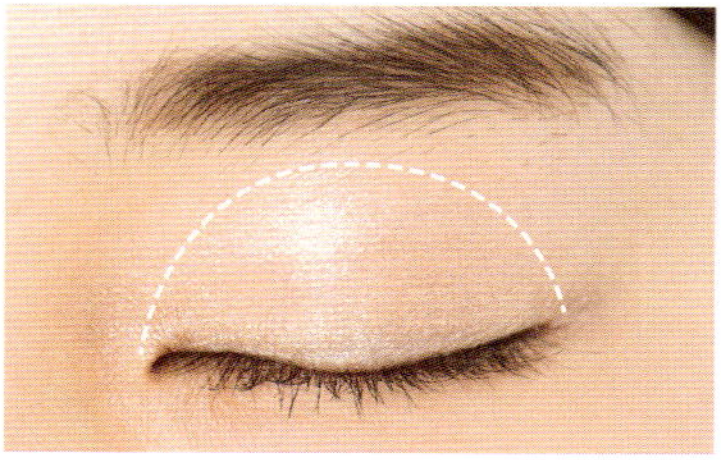

色を使わないからこそ眉で顔に立体感を出して

ノーカラーメイクには立体感が重要。目と眉はやや近づけぎみにし、アイシャドウはアイホール全体にクリームシャドウのベージュをのせ、ツヤっぽさをプラス。ラインは茶系で細くまつ毛の間を埋めるだけにし、マスカラも主張しない程度に。

Lip

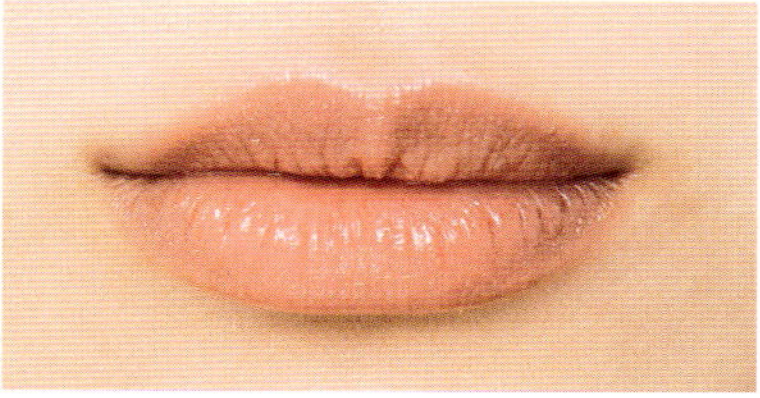

直ぬりでざっくり。カジュアルに仕上げる

リップはスティックの直ぬりでざっくりと。唇のアウトラインはあまり意識しなくてもOK！　色は肌なじみのよいベージュ系ピンクなどを選ぶと、よりカジュアル感が出ます。普段着ともよくなじむ顔ができあがります。

使用キーアイテム

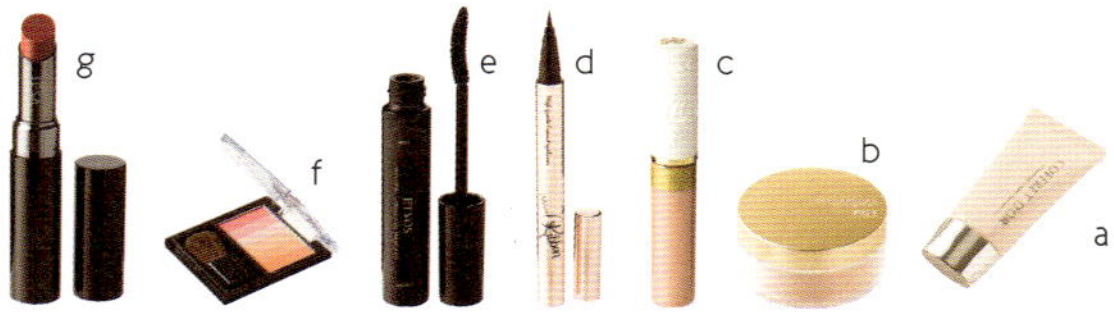

ⓐコフレドール プレミアムシルキィ クリーミィファンデーション UV オークルC／カネボウ化粧品　ⓑパルガントン ルースパウダー Bベージュ／ドド・ジャパン　ⓒポール & ジョー アイグロス S 04／ポール＆ジョー ボーテ　ⓓシェリーリボンアイライナーリキッドブラウン／msh　ⓔミネラルロングラッシュマスカラ ブラック／エトヴォス　ⓕインテグレート ミルキーフラワーチークス ①フラワーピンク／資生堂　ⓖリップスティック ルミナイジング カラー 12ライトピンク／イプサ

style
06

休日の半径1キロメイク すっぴん風

ご近所メイク

＼ こんな印象！ ／

☑ 飾り気なく、あどけない
☑ 素肌がみずみずしくきれい
☑ 休日をゆったり過ごしていそう

組み合わせテクニック

Basemake
CCクリーム➡
コンシーラー➡
フェイスパウダー

＋

Eyeblow
眉間遠め眉&アイブロウ
マスカラ（P101参照）

＋

Eyemake
ビューラー基本

＋

Cheek
ほお骨～小鼻（クリーム）

＋

Lip
スティック直ぬり

How to make-up!

Base & Cheek

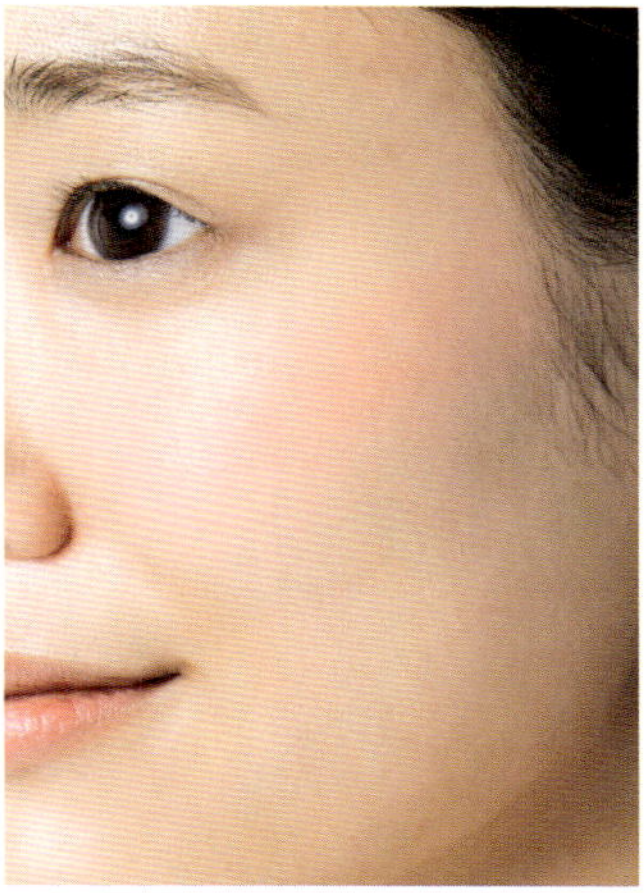

すっぴんに近くても CCクリームで肌が均一に

CCクリームをぬったあと、気になるシミやニキビ跡にコンシーラーをのせ、フェイスパウダーで軽く全体をおさえてベースメイクを仕上げます。クリームチークを小鼻に向かってのばし、血色をプラスします。高めに入れることでリフトアップ効果も。

Eyebrow & Eye

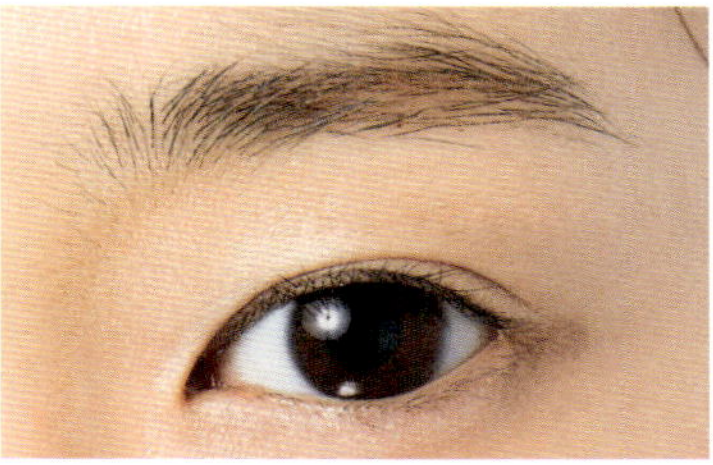

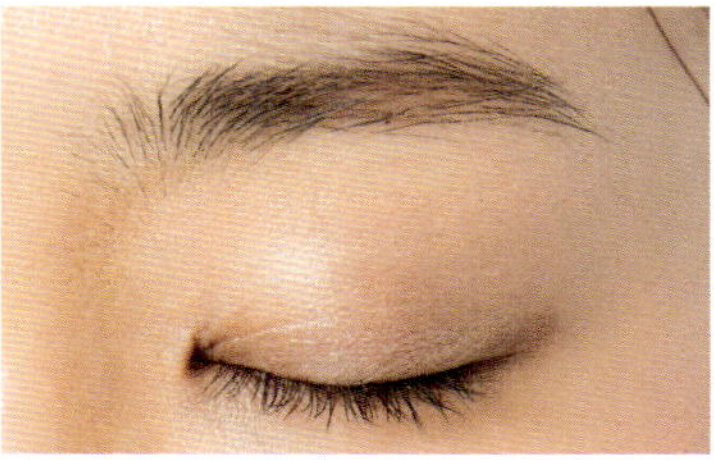

アイシャドウはなし。眉だけで顔を引き締める！

眉頭は描かずに、目頭のラインよりも外側から眉を描きはじめます。アイメイクなしの顔になじむように、茶系のアイブロウマスカラをオン。クマや目まわりのくすみはコンシーラーでカバーし、アイメイクはビューラーでまつ毛を上げて完成。

Lip

色つきリップクリームで さらに血色よく

唇は、リップクリームにほんのり色がついているものをぬるだけ。いくらご近所メイクとはいえ、唇が荒れているのはNGですから、乾燥や日焼けが気になる時期は、保湿力の高いリップクリームを使うようにしましょう。

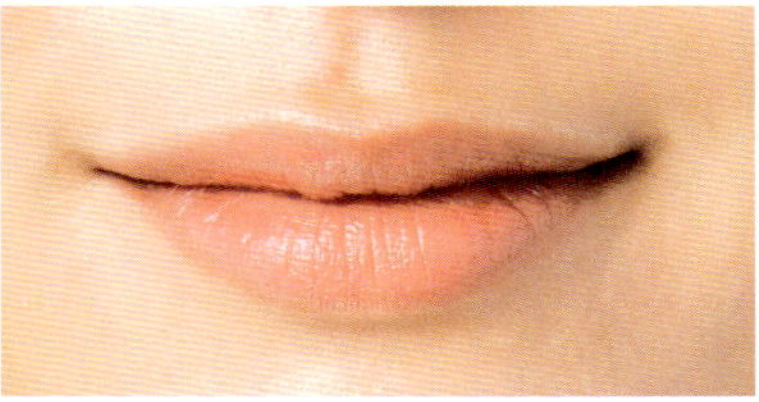

使用キーアイテム

ⓐカラーリングアイブローN イエローブラウン／エテュセ
ⓑスウィーツスウィーツ ベルベットスフレチーク 03 アプリコットスフレ／シャンティ　ⓒアクア・アクア オーガニックスイーツリップ 01チェリーピンク／レッド

style 07

ハーフ顔

ナチュラルに憧れを実現！

\ こんな印象！ /

☑ 明るくおちゃめなイメージ
☑ トレンド感がある
☑ ホリが深くて、立体的な顔立ち

組み合わせテクニック

Basemake

化粧下地➡コンシーラー➡リキッドファンデ➡フェイスパウダー

＋

Eyeblow

眉間近め眉&アイブロウマスカラ（P103参照）

＋

Eyemake

目尻重心&たれ目シャドウ➡目頭ハイライト（P103参照）➡アイライン基本➡扇形まつ毛➡ローライト

＋

Cheek

ハーフ顔（クリーム）

＋

Lip

スティック直ぬり➡グロス

How to make-up!

Base & Cheek

自分史上いちばん上にチークを。ガーリーなフェロモンアップ

ベースメイクはコンシーラーで目のシワやほうれい線をしっかりカバー。ポイントはチーク。鼻を通って横長にチークをのせることで、日焼け肌っぽさを演出。クリームチークにすることで、内側からにじみでるような血色を作り出すことができます。

Eyebrow & Eye

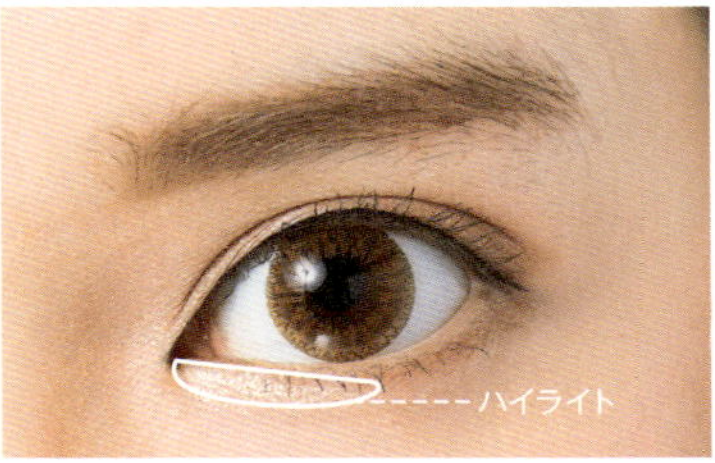

ノーズシャドウがポイント。ナチュラルにホリを深く見せる

茶系のカラコンで瞳にニュアンスを出し、眉もコンタクトの色に合わせてアイブロウマスカラを塗ります。アイシャドウは、下まぶた目頭から1/3にハイライトをのせ、眉頭の眉骨の間のくぼみにローライト（ノーズシャドウ）を入れます。

Lip

オーバーリップでぽってり唇。グロスは真ん中だけにのせて

リップは薄ピンクのスティックで自分の唇のアウトラインをオーバーするようなイメージで直ぬり。唇にかわいらしいぽってり感が生まれます。グロスは、ざっくりと唇の真ん中だけにのせるようにすると、唇の厚みがアップします。

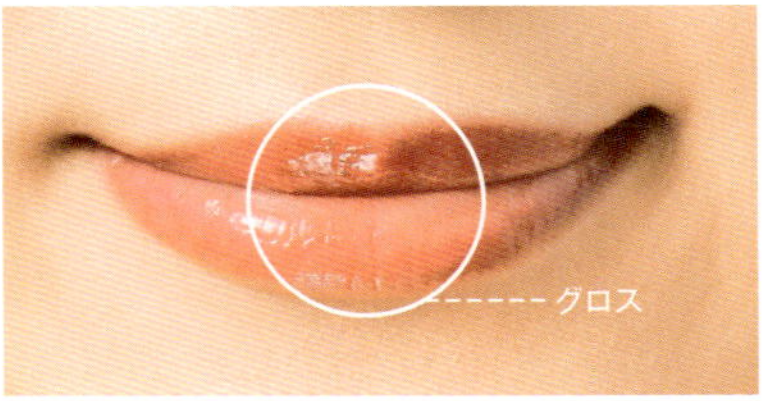

ⓐキス マットシフォン UVホワイトニングベース N02マットベージュ／P.N.Y. DIV.　ⓑプレミアム パーフェクトクリアコンシーラー／エテュセ　ⓒミネラルルーセントパウダー／エトヴォス　ⓓヴィセ リシェ アイブロウペンシル&パウダー BR-32ピンクブラウン／コーセー　ⓔヘビーローテーション カラーリングアイブロウ 04ナチュラルブラウン／伊勢半　ⓕスウィーツスウィーツ プレミアムガトーシャドウ 03 マロングラッセ／シャンティ　ⓖヴィセ リシェ ラッシュボリュームマニア BK001ブラック／コーセー　ⓗキス スリムリキッドライナー 01ブラック／P.N.Y. DIV.　ⓘキャンメイク クリームチーク CL06 クリアピーチシュガー／井田ラボラトリーズ　ⓙドド リップクレヨン LC20ピンク／ドド・ジャパン　ⓚちふれ リキッド ルージュ 503レッド系パール／ちふれ化粧品

style 08

クール顔は〝丸み〟を際立たせる！ パステルキュート

面長の場合

組み合わせテクニック

Basemake
BBクリーム➡パウダーファンデ

＋

Eyeblow
基本（短め太め）

＋

Eyemake
黒目重心&たれ目シャドウ➡黒目強調アイライン（ペンシル）➡ビューラー・マスカラ基本

＋

Cheek
ほお骨〜小鼻（パウダー）

＋

Lip
グロス

\ こんな印象！ /

- ☑ かわいらしい
- ☑ やり過ぎ感がなくナチュラル
- ☑ 涼しげでクールさもある

How to make-up!

Base & Cheek

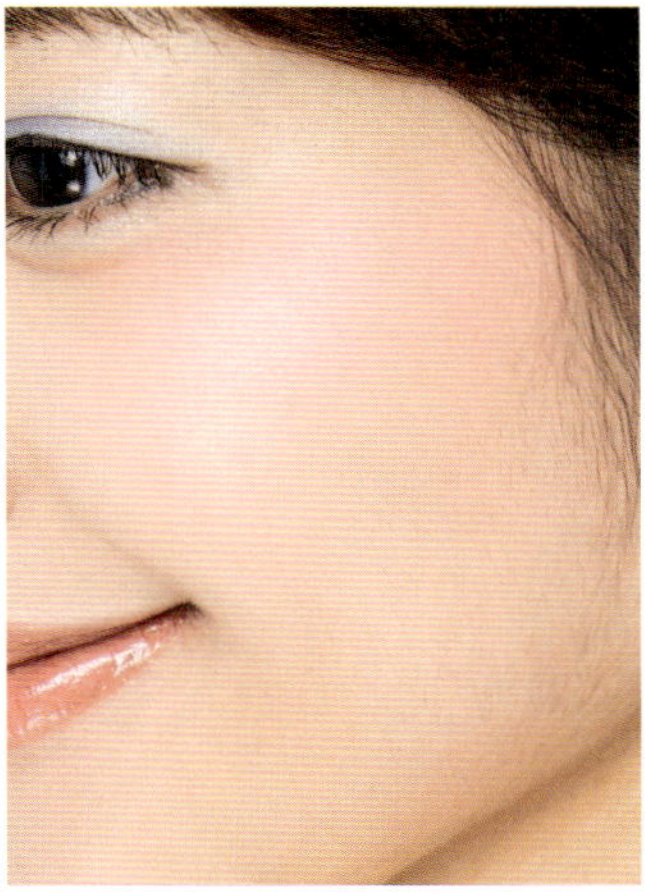

さらふわ肌でかわいさアップ。チークは高めが、ポイント

BBクリームにパウダーファンデーションを重ねることで、しっかりカバーしながらも、さらっとした肌質を作れます。面長の人は、基本よりも高めにチークを入れることで、輪郭のクールさをカバーしてくれます。

Eyebrow & Eye

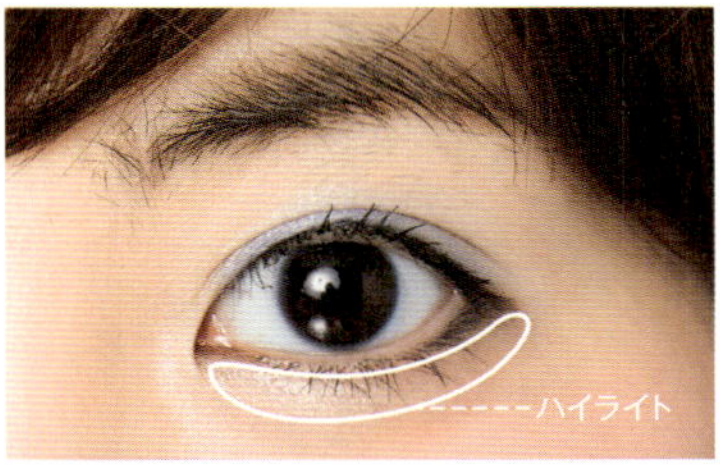

クールになりがちな面長の人はアイメイクで黒目を強調

眉はあまりしっかり描くことを意識せず、自眉を生かして太く短めに。アイメイクの上まぶたにはハイライトとミディアムカラーの２色だけを使用。下まぶた全体にパール感のあるハイライトをのせ、ブラウンを目尻1/3にぬり、たれ目に。

Lip

唇はやり過ぎないのがカギ。リップなしでグロスを重ねづけ

大人のパステルメイクは、やり過ぎは禁物。唇はグロスだけで仕上げましょう。ベージュ系のグロスに、ほんのり色がついた透け感あるリップを重ねます。２つめのリップは唇の中心に多めにのせるとみずみずしい唇ができあがります。

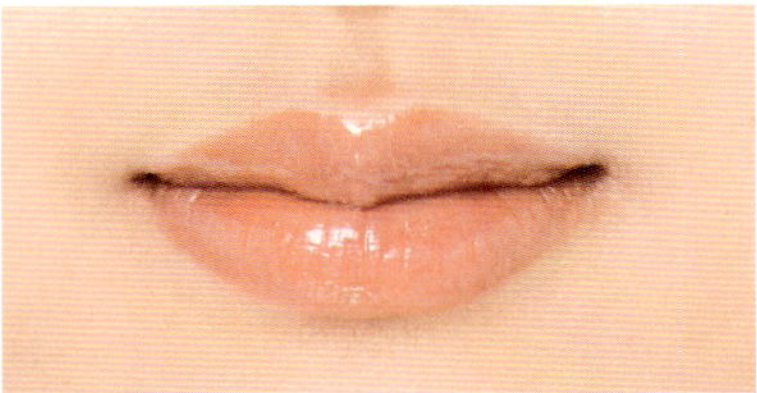

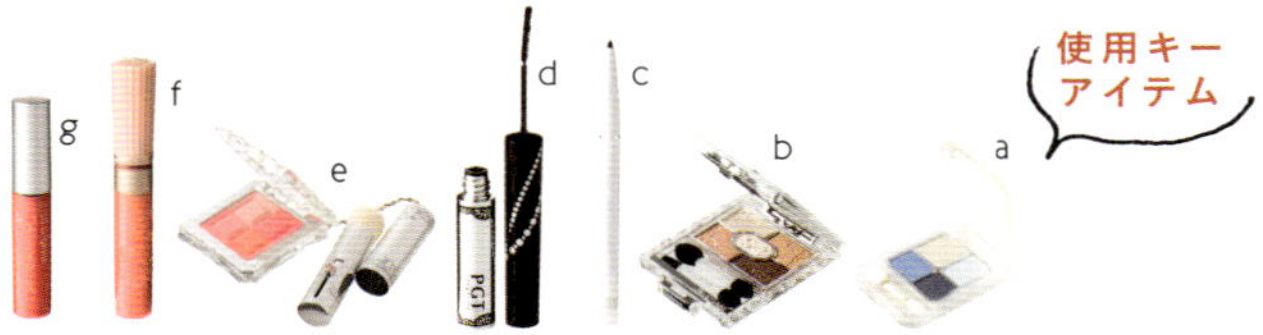

ⓐマジョリカ マジョルカ　ジュエリングアイズ BL381洪水／資生堂　ⓑ(下まぶたに使用)リボンクチュールアイズ 03 vintage saitin／ジルスチュアート　ビューティ　ⓒちふれ アイ ライナー ペンシル くり出し式10ブラック／ちふれ化粧品　ⓓパルガントン スキニーマスカラ SM10ブラック／ドド・ジャパン　ⓔミックスブラッシュ コンパクト N 01baby blush／ジルスチュアート　ビューティ　ⓕポール & ジョー リップグロス G 04／ポール&ジョー ボーテ　ⓖジェリーグロス PK 6 ／エテュセ

style 09

甘くなり過ぎない「引き算」が肝心 パステルキュート

丸顔の場合

組み合わせテクニック

Basemake

BBクリーム➡
パウダーファンデ

＋

Eyeblow

目と眉近め×
平行眉（短め）

＋

Eyemake

目尻重心&たれ目シャドウ
➡目頭にパール
（P107参照）
➡黒目強調アイライン
（リキッド）➡
ビューラー・マスカラ基本

＋

Cheek

丸形（パウダー）

＋

Lip

グロス

＼ こんな印象！ ／

- ☑ やり過ぎない適度な甘さが魅力
- ☑ 親近感がある
- ☑ 明るくおちゃめ

How to make-up!

Base & Cheek

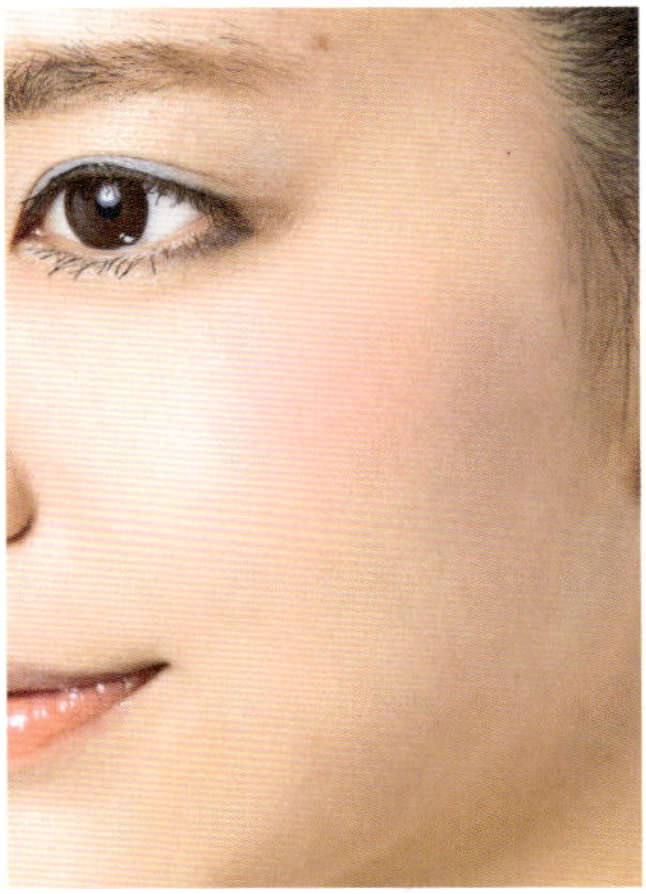

チークは丸く入れ、輪郭のキュートさも際立たせる

BBクリームにパウダーファンデーションで仕上げることで、さらっとした赤ちゃん肌に。チークは丸顔のかわいさを生かし、ほお骨の高い位置に丸く入れましょう。ただ、はっきりと丸く入れるのはNG。ニュアンスカラー程度に入れるのが大人パステルメイクの鉄則。

Eyebrow & Eye

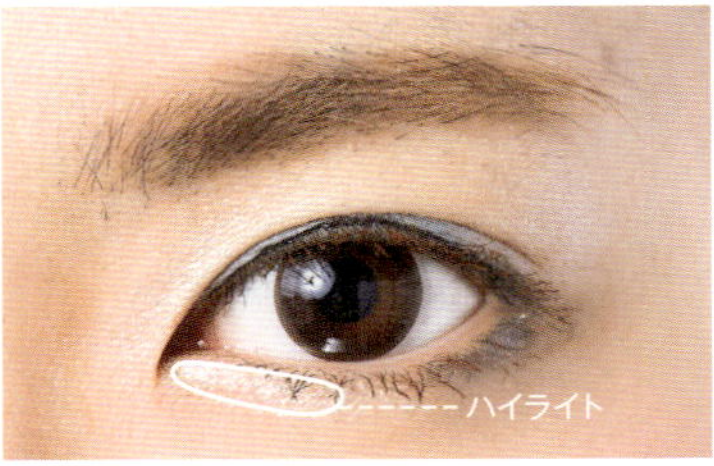

丸顔さんの大人パステルは全体を同じトーンで合わせる

眉は角度を作らない短め平行眉に、アイシャドウはハイライトとミディアムカラーの２色だけで目尻重心に。下まぶたの目尻1/3にダークカラー、目頭にハイライトをオン。眉とまつ毛はマスカラで、瞳はカラコンで全体のトーンを合わせます。

Lip

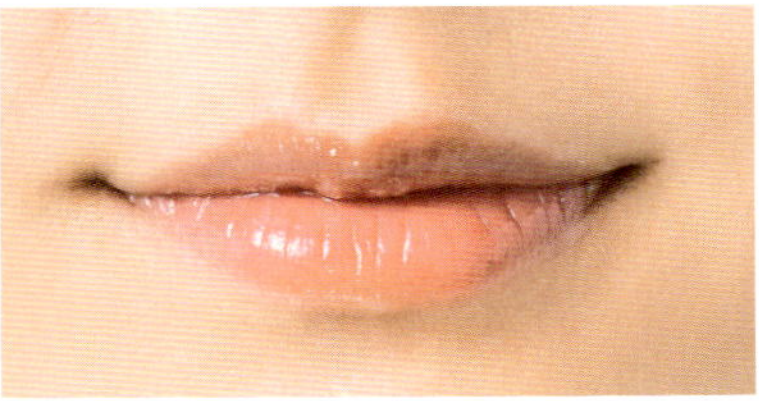

唇はラメなしのグロスオンリーで仕上げる

唇で「引き算」。リップはほんのり色のついたラメなしのグラスをオン。唇の色が気になる人は、チークと色を合わせたリップを指につけ、ぽんぽんとぼかすように指で叩くようにしてのせ、そのあとにグロスをのせるようにしましょう。

使用キーアイテム

ⓐスージー スリムエキスパート EX 01ライトブラウン／スージーニューヨーク ディヴィジョン ⓑコフレドール アイブロウカラー 01 ダークブラウン／カネボウ化粧品 ⓒヴィセ リシェ グロッシーリッチアイズ BL-7ブルー系／コーセー ⓓカリグラフィック アイライナーN ブラック（アプリケーターは別売）／シュウ ウエムラ ⓔポンポンミネラルチーク シフォンピンク／エトヴォス ⓕジェリーグロス PK 4 ／エテュセ

自分の顔形を生かすメイク&カバーするメイク

①丸顔編

“パーツを丸く大きく
重心を下げて童顔に。
眉とチークで大人にも”

丸顔さんは縦横の長さが同じくらいのふっくらとした輪郭。子どものように目、鼻、口のパーツを顔の下側に集めると丸顔を生かしたメイクになります。眉と目が離れるとアンバランス

After

生かす

丸顔の印象を
生かして
キュートさ全開に！

Cheek

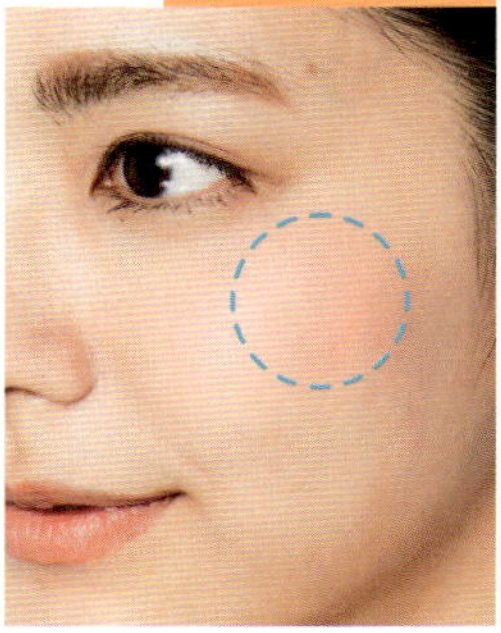

高めの位置に、ピンクやオレンジなど、肌に合わせたビビッドめの明るい色を、完全な丸形ではなく、ぼかして入れましょう。肌の質感はハーフマットからツヤ肌が似合うメイクなので、チークもクリームタイプなどにしましょう。

Eyeblow

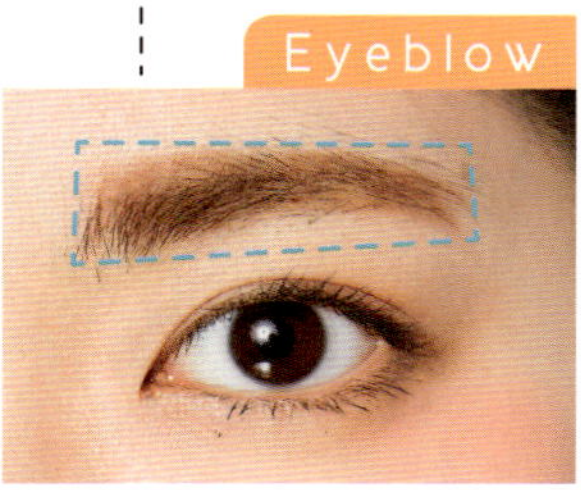

目と近づけて重心を下げるように描き、太さを出した平行眉に。自眉に角度がある場合には、上ラインを眉山から眉頭に向かって平行に描き、下は眉山と眉頭の高さとつなげながら、眉尻までもっていくと自然に。

なので眉は下に太さを足し重心を下げます。凛々しさがほしいときには眉を中太くらいにして目との間隔をあけて角度を持たせ、ほお骨~あごの縦長チークのラインを作っていきましょう。二重の幅でもバランスが異なってくるので、目の形を生かすメイク(P82)も参考に。

Before

丸顔は童顔に
なりがち。
オフィスでは
カバーメイクを

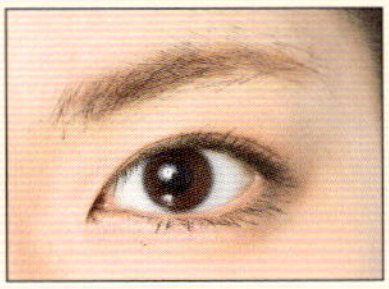

After

カバーする

チークを縦に
入れて
シャープさを出して

Cheek

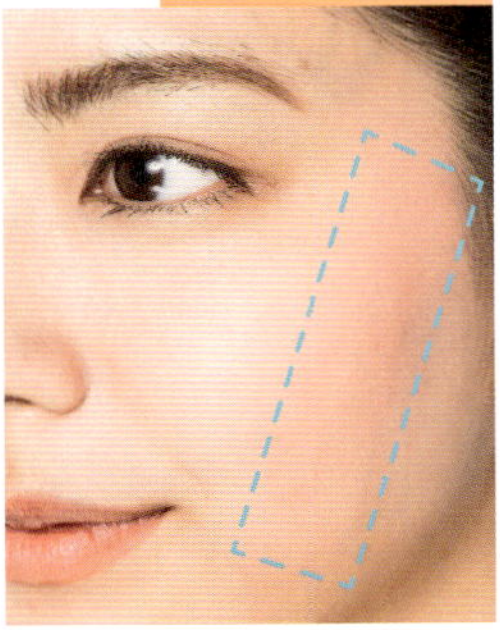

肌の色み寄りの落ち着いたブラウン系のチークでほお骨から、こめかみとあごをつなぐようにシェーディングします。正面から見てチークが見えている必要はありません。ほんのりフェイスラインに影ができているくらいが正解です。

Eyeblow

眉間近めで中太めに描き、目のカーブに合わせた角度のナチュラルなアーチにします。眉尻は目よりも少々長めにして尻すぼみにラインを作ります。さらにシャープさを強調したければ目尻重心のアイシャドウに。

自分の顔形を生かすメイク&カバーするメイク

② 面長編

顔の余白の使い方でスタイリッシュにもキュートにも！

面長さんは、あごがV字ラインでほお下の肉づきが少なく、パーツの間は狭めだけれど、ほおとあごに余白を感じるような凛とした日本女性らしい顔立ち。余白が気になるほおやあごはチ

After

生かす

シャープさを高めてかっこいい印象に

Cheek

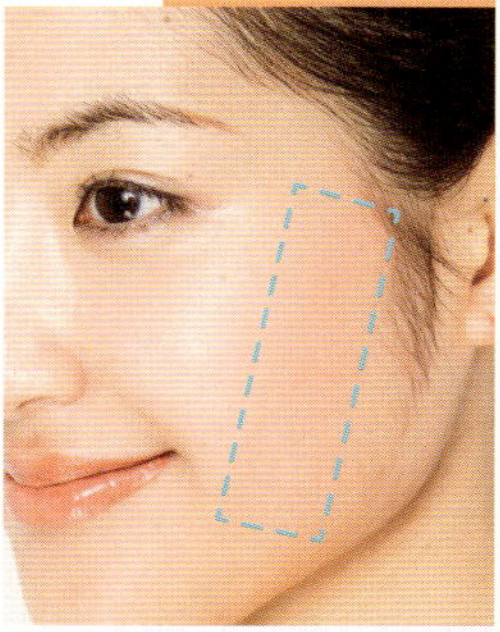

チークは肌よりワントーン落としたものを。ほお骨〜あご、そしてこめかみと、縦の帯を作るように入れましょう。ほお骨〜ほお骨下が最もチークが濃くなるようにすると◎。ハイライトをTゾーンやあごに入れると立体感が増します。

Eyeblow

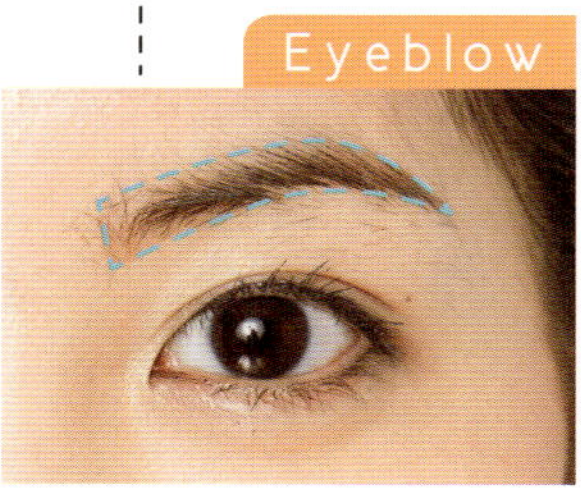

細いと老けこんで見えてしまいがちなので、足りなければ上下を描き足し中細眉に。眉頭は標準からやや近づけますが、眉山をきちんと作った長めのアーチ眉にすれば、和風美人のような女性らしさを出せます。

ークの入れ方に注意。こめかみ、ほお骨を通ってあごまでチークを入れると骨格が強調されますが、やり過ぎると不健康に。ブラウン系ではなくピンクやオレンジの、肌トーンより暗い色を選びましょう。キュート顔を目指すなら、チークを真横に入れて輪郭の長さを忘れさせて。

Before

大人っぽく なりがちな顔型も、カバーメイクで、可愛らしさもアップ

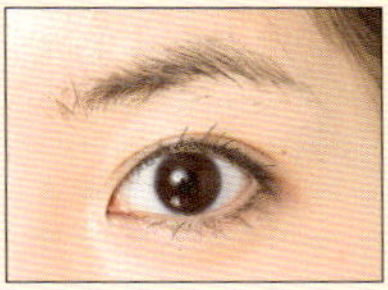

After

カバーする

チークで丸みを出して、全体的にやわらかい印象に

Cheek

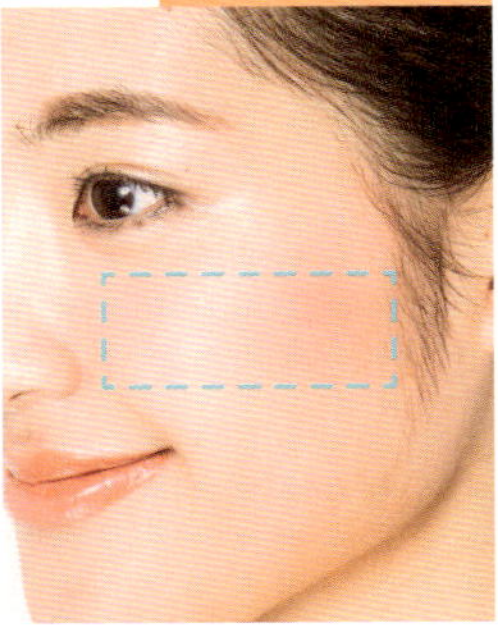

特に気になる顔の余白部分、ほお。しっかりした色みのチークをほお骨と小鼻を結んだ高めのラインに入れて、幅広めの分断ラインを作ります。あごの凸部分や額にも真横に軽く入れると顔が短く見えます。

Eyeblow

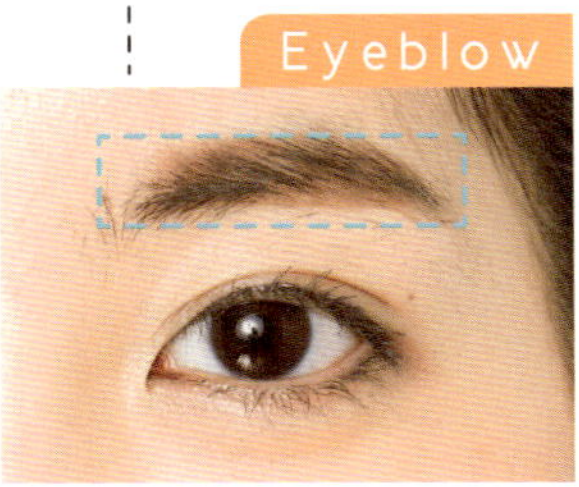

眉頭を少しだけ離してやさしい印象にし、眉下側に太さを出して目との距離を近づけてやや平行ぎみに。顔全体の視線を下方向に集めます。こめかみ側がせまい人が多いので基本的には眉尻はのばし過ぎないこと。

style 10

色気を引き出すスモーキーな目元
深色セクシー

\ こんな印象！ /

- 大人の落ち着きがある
- アンニュイ
- 上品でエレガント

組み合わせテクニック

Basemake
化粧下地➡パウダーファンデ

＋

Eyeblow
眉間遠め眉（細め）

＋

Eyemake
目尻重心&囲み目シャドウ➡基本&囲みライン➡ビューラー・マスカラ基本

＋

Cheek
ほお骨〜あご（パウダー）

＋

Lip
筆ぬり（P113参照）

How to make-up!

Base & Cheek

あご先にさりげなくチークをのせて、シャープさを増す

パウダーファンデーションで仕上げる、マットな肌感はスモーキーな目元と相性ばっちり。チークは、あごに向かって縦長に入れます。また、あご先に色みを感じない程度にチークをのせると、輪郭がシャープに見える効果があり、よりエレガンスに。

Eyebrow & Eye

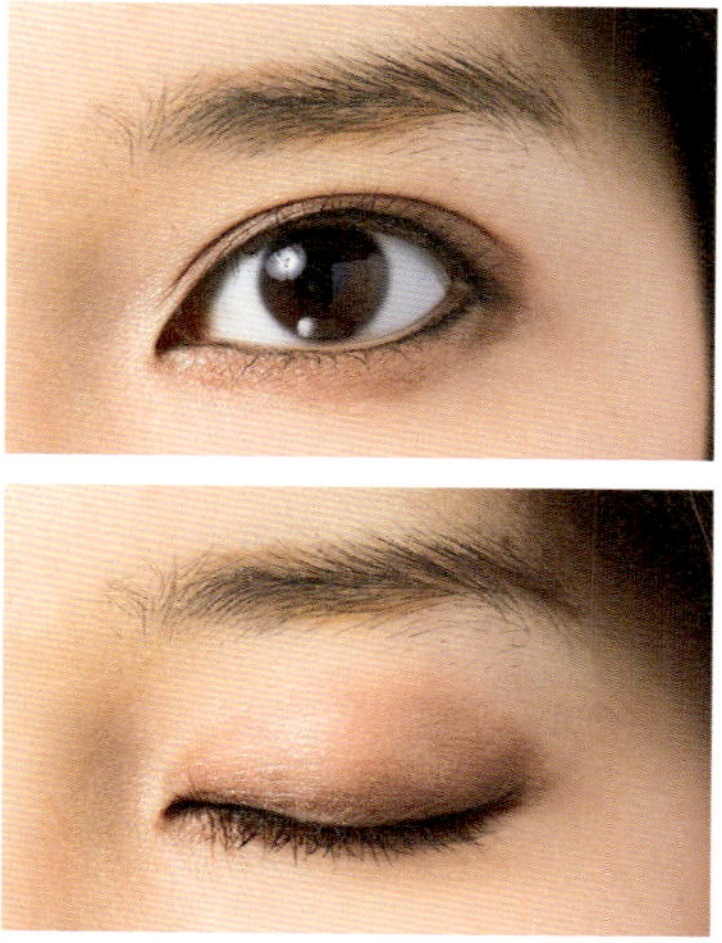

大胆なスモーキーカラー使いで官能的な目元を演出

眉頭の毛にアイブロウマスカラをぬり、より眉間を離すことでエレガント感アップ。アイシャドウは２色でダークカラーのブラウンをのせたあと、モーブピンクをアイホール全体と下まぶたに太めオン。細めのアイラインで全方向に囲みます。

Lip

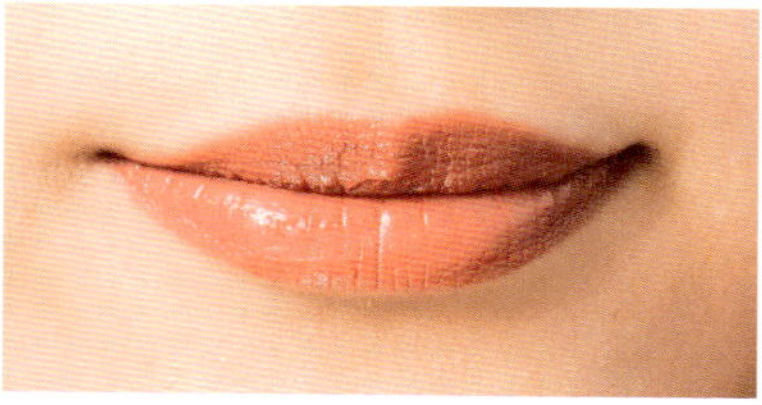

視線が集まる口元もスモーキーカラーで肉感的に

唇はセクシーさの象徴ともいえます。肉感的に仕上げるために、できれば筆にとって「ペンシルのぬり方」(P81参照)のプロセスで輪郭をとると、より立体的に。カラーはマットなピンクベージュ系で大人の色気を演出。

使用キー
アイテム

ⓐドド アイブロウマスカラ EM10ライトブラウン／ドド・ジャパン　ⓑエルビー ゴージャスアイズ ゴージャスサングリア／アイケイ　ⓒポンポンミネラルチーク ローズ／エトヴォス　ⓓナーズ リップスティック 9302／ナーズ ジャパン

style 11

細め眉でモード感アップ モードセクシー

＼こんな印象！／

- 大人の落ち着きがある
- 自然な色気がある
- スタイリッシュ

組み合わせテクニック

Basemake
化粧下地➡パウダーファンデ
＋
Eyeblow
眉間遠め眉（細め）
＋
Eyemake
目尻重心&囲み目シャドウ➡基本&囲みライン➡ビューラー・マスカラ基本
＋
Cheek
ほお骨下～あご（パウダー）
＋
Lip
筆ぬり（P115参照）

How to make-up!

Base & Cheek

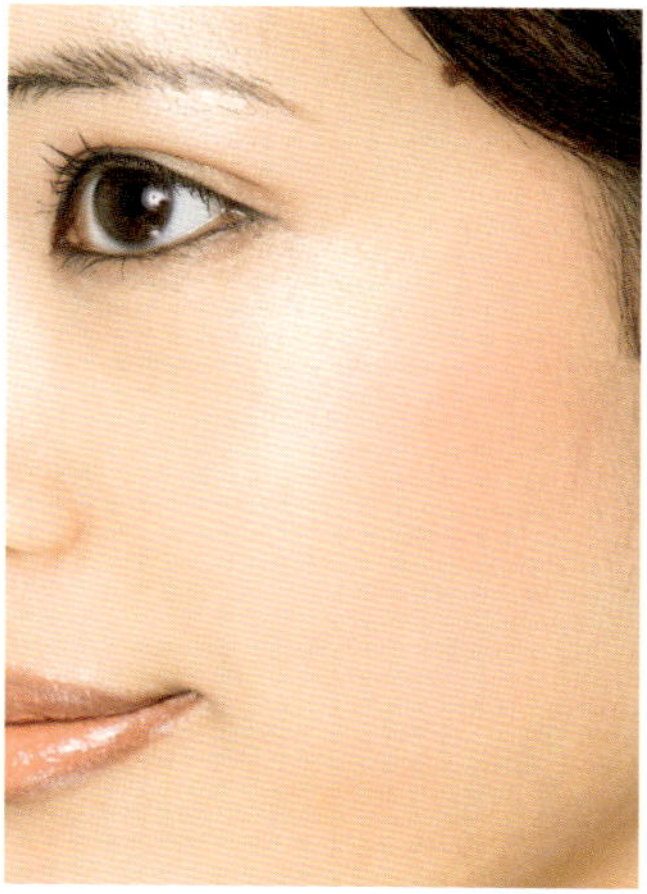

マットな肌が落ち着いた大人の女性を作り出す

パウダーファンデーションのマット感が落ち着いた大人の印象に。目元のくすみはコンシーラーでしっかりトーンアップしておきましょう。チークはあご先に向かって縦長にのせ、最後にあご先にもほんのり血色がよくなる程度にのせます。

Eyebrow & Eye

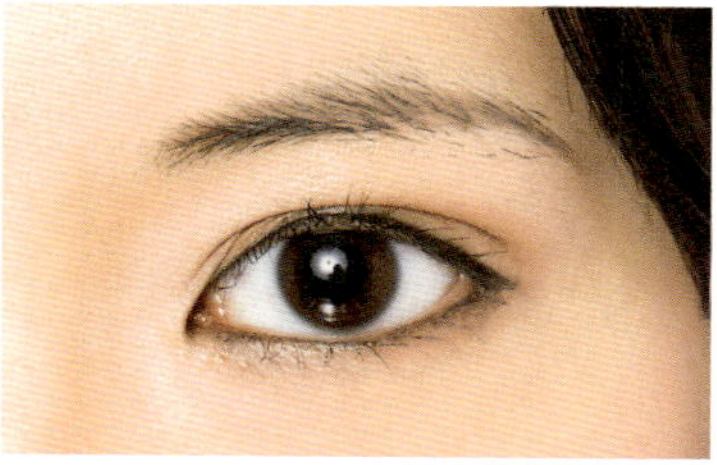

ヌーディーカラーに太めライン&たっぷりマスカラ

細眉にすることでモード感アップ。アイシャドウはヌーディーカラーを1色アイホール全体にのせます。ラインはペンシルで太めに全方向囲みます。目の下の輪郭が丸い人はストレートなラインを心がけて。マスカラは上下たっぷりとぬります。

Lip

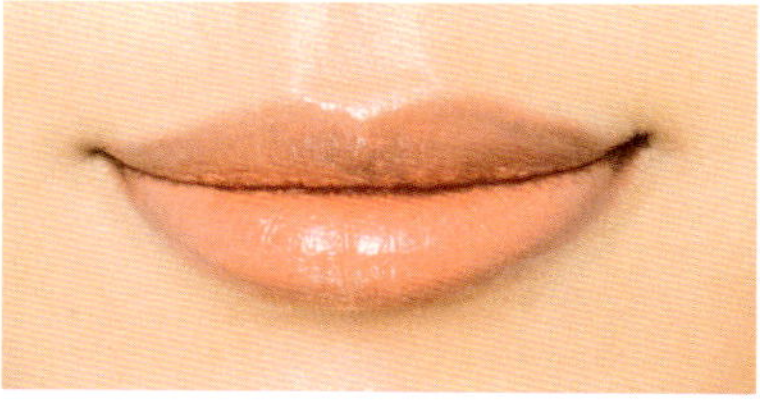

ややオーバーぎみに、ふっくらしたセクシーな唇に

口元はベージュレッドで仕上げましょう。直ぬりでもよいですが、できれば筆にとって「ペンシルでのぬり方」(P81参照)のプロセスでぬり、やや自分の唇の輪郭よりもオーバーぎみに描くようにするとふっくらしたセクシーな口元に。

使用キーアイテム

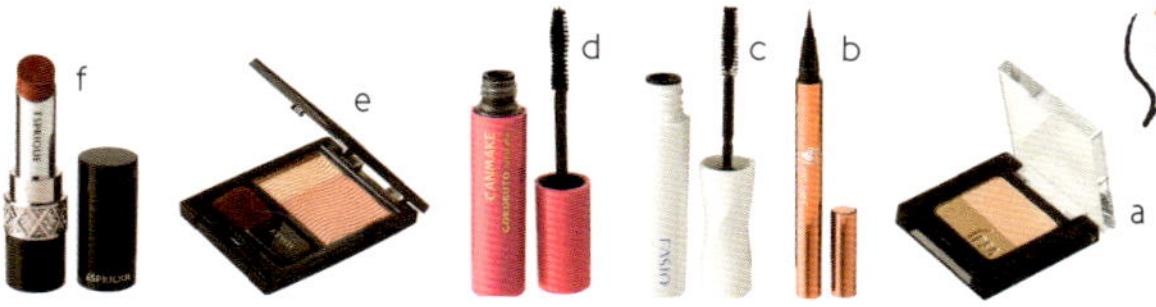

ⓐアイカラー クリアアイズ A06 アプリコットピンク×カッパーブロンズ/イプサ ⓑラブ・ライナー ペンシルリッチ ブラック/msh ⓒファシオ スマートカールマスカラ(ボリュームEX)BK001ブラック/コーセー コスメニエンス ⓓキャンメイク ゴクブトマスカラ 01 スーパーブラック/井田ラボラトリーズ ⓔミネラルプレストチーク サーモンピンク/エトヴォス ⓕエスプリーク リッチフォンデュルージュ RD461落ち着いたベージュレッド/コーセー

style 12

主役は唇。普段着をグレードアップ 抜け感モード

組み合わせテクニック

Basemake

BBクリーム➡
コンシーラー➡
フェイスパウダー

＋

Eyeblow

眉間近め×目と眉遠め×
平行眉（太め）

＋

Eyemake

目頭重心1色
（P117参照）➡
長めライン（リキッド）➡
ビューラー・マスカラ基本

＋

Cheek

ほお骨下～あご
（パウダー）

＋

Lip

スティック直ぬり
➡グロス

＼ こんな印象！ ／

- ☑ ふんわり爽やか
- ☑ 飾り気のない自然体
- ☑ こなれ感がある

How to make-up!

Base & Cheek

主役の唇を際立たせる、ソフトマットな肌質を

BBクリームをぬったあと、フェイスパウダーで仕上げるソフトマット肌は、カジュアルになり過ぎず、普段着をグレードアップしてくれます。ほうれい線やシワはクリームコンシーラーでしっかりとカバーしておきましょう。チークはあごに向かって縦に長く。

Eyebrow & Eye

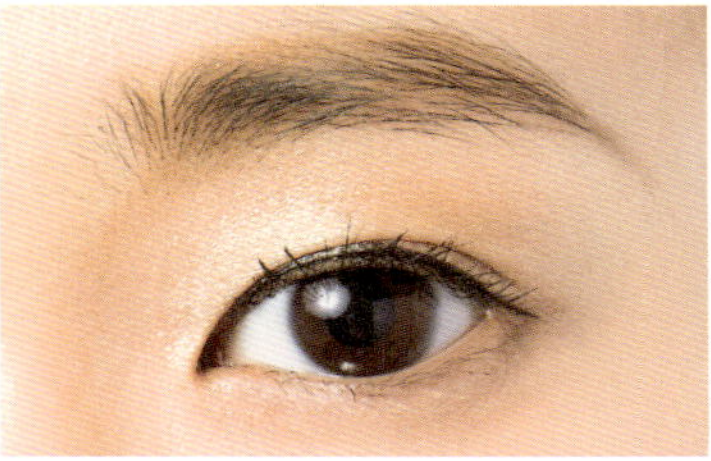

目元は色数を使わずに、テクニックで立体感を出す

眉頭を近づけ、自眉の上に描き足して平行にしていくと、トレンド感のある太めの眉が作れます。アイシャドウはパール感のあるヌーディーカラー１色を目頭重心に。アイラインはまつ毛の上を通るようにやや太めに描きます。

Lip

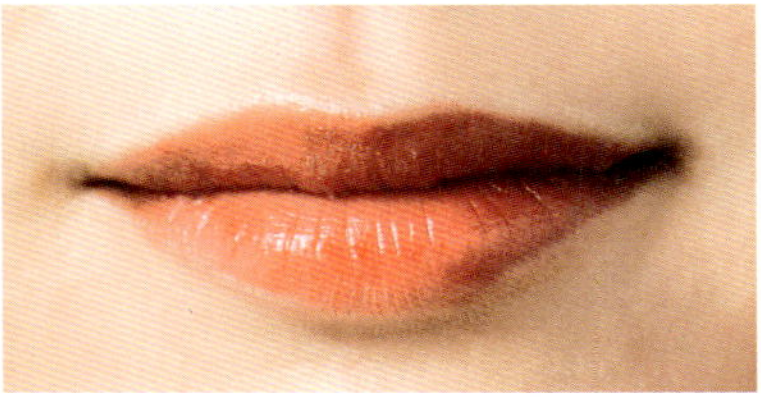

主役の唇はスティックとグロスの２本使いでグラデーションに

主役の唇は赤をチョイス。まず、リップを中心を濃いめに直ぬりし、指先でポンポンとなじませます。次に、同系色のグロスを唇の中心にたっぷりのせましょう。グラデーションができ、ナチュラルながらも印象に残る、魅力的な唇になります。

使用キー
アイテム

ⓐナーズ ラディアントクリーミーコンシーラー 1245／ナーズ ジャパン　ⓑナーズ デュアルインテンシティーブラッシュ 5505／ナーズ ジャパン　ⓒヴィセ リシェ リキッドアイライナー BK001ブラック／コーセー　ⓓマリークヮント アクション ラッシングス 01 エボニー ブラック／マリークヮント コスメチックス　ⓔアクア・アクア オーガニックスイーツリップ 03アップルレッド／レッド　ⓕポール & ジョー リップグロス G 08／ポール＆ジョー ボーテ

style
13

怖くならないクールメイクは引き算で 大人クール

組み合わせテクニック

Basemake
化粧下地➡
リキッドファンデ➡
フェイスパウダー

＋

Eyeblow
アーチ眉

＋

Eyemake
目尻重心（平行四辺形
P119参照）×
たれ目シャドウ➡
はね上げライン
（リキッド）➡
ビューラー・マスカラ基本

＋

Cheek
ほお骨〜小鼻
（低めから、クリーム）

＋

Lip
スティック直ぬり
➡グロス

＼ こんな印象！ ／

- ☑ かっこいい
- ☑ エレガント
- ☑ 爽やかで凛としている

How to make-up!

Base & Cheek

チークは主張しすぎない！ほんのり色づく程度に

リキッドファンデーションとフェイスパウダーで仕上げた肌のTゾーンと目尻下にハイライトを入れてシャープさを際立たせましょう。チークは基本よりやや低めから小鼻に向かってのせます。アイシャドウの色を邪魔しないくらいにほんのり色づく程度でOK。

Eyebrow & Eye

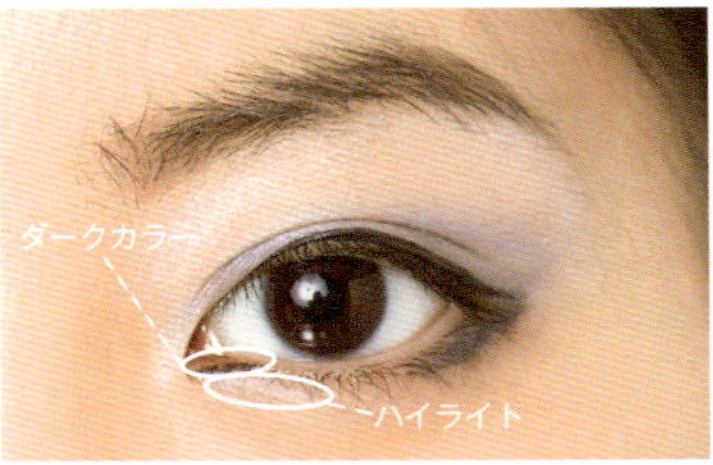

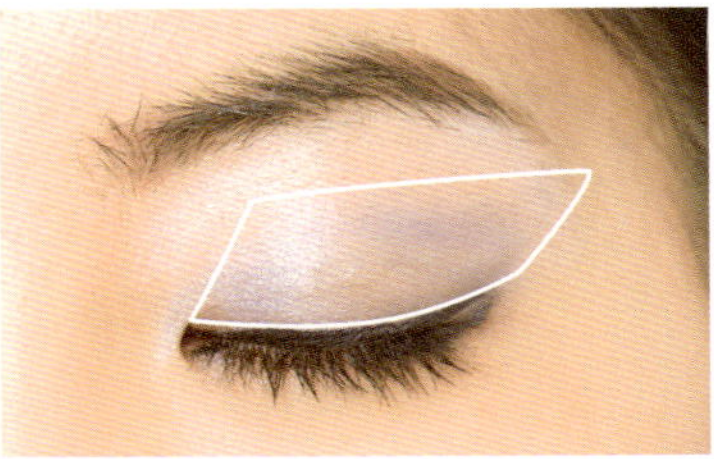

目が平行四辺形になるようにアイシャドウとラインを駆使

アイシャドウのハイライトとミディアムカラーの２色で平行四辺形を意識してのせます。ダークカラーでたれ目メイクに。下まぶた目頭1/3にハイライトを、さらにダークカラーを目頭から黒目の内側のラインまで短くオン。アイラインは中太でややはね上げ。

Lip

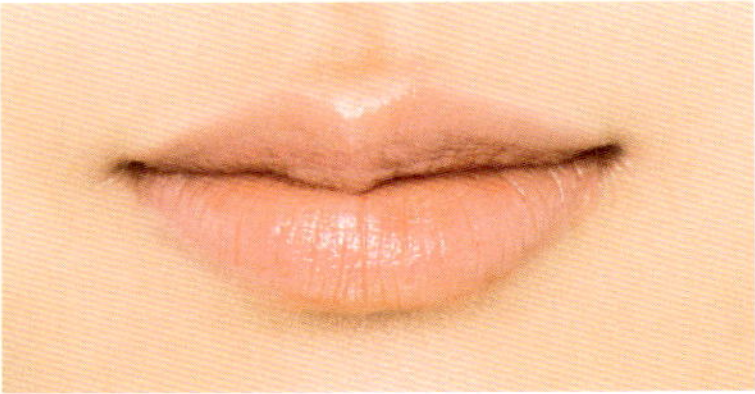

リップで「引き算」して、全体のバランスを整える

リップを華やかにし過ぎると、顔全体が濃くなりケバくなってしまいがちなので、やり過ぎは注意。ナチュラルなピンクのスティックを薄く直ぬりしたあとに、グロスを唇の中心に多めにのせます。唇のアウトラインはあまり意識しなくてもOK。

使用キーアイテム

ⓐヴィセ リシェ シマーリッチアイズ BL-8ブルー系／コーセー ⓑミネラルクリーミーチーク 06ライブリーピンク／エムアイエムシー ⓒポール & ジョー リップスティック 211／ポール&ジョーボーテ ⓓミネラルハニーグロス 110ミューズピンク／エムアイエムシー

style 14

主役は目！ そのほかは薄づきで カラークール

組み合わせテクニック

Basemake
化粧下地➡
リキッドファンデ➡
フェイスパウダー

＋

Eyeblow
眉間遠め×角度眉

＋

Eyemake
目尻重心（平行四辺形 P121参照）＆
囲み目シャドウ➡
はね上げライン（リキッド）➡
ビューラー・マスカラ基本

＋

Cheek
ほお骨下〜小鼻（パウダー）

＋

Lip
グロス

＼こんな印象！／

- ☑ かっこいい
- ☑ かわいらしさもある
- ☑ 自分を持っていそう

How to make-up!

Base & Cheek

チークはさらっと血色のみをプラス

パウダーファンデーションでしっかりとおさえ、マットな肌質を作ります。目を主役にしたいので、チークは血色がよくなる程度にさらりとのせるくらいにしましょう。基本よりもやや低いところから、小鼻に向かって横にのばします。

Eyebrow & Eye

主役はアイメイク！眉毛は主張しないようマスカラをオン

眉はアイブロウマスカラでおさえぎみに。アイシャドウはマットなグリーンで平行四辺形を意識してはね上げながらのせ、同様にパール感のあるブルーを重ね、下まぶたは囲みシャドウに。アイラインはシャドウのラインに沿ってはね上げます。

Lip

目元を強調するためにグロスのみで仕上げる

インパクトのある目元に負けないくらいの唇にしてしまうと、逆にアンバランスになり怖く見えてしまいます。バランスを整えるためには、チークとリップで引き算を。唇は、ほんのり色づく程度のグロスで仕上げるとおしゃれなモードメイクに。

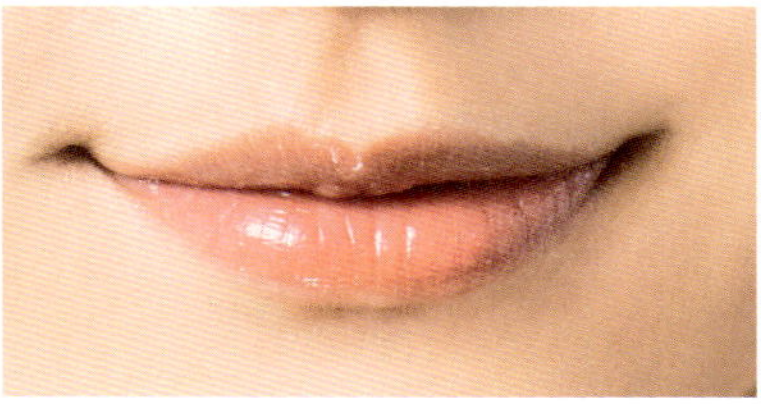

使用キーアイテム

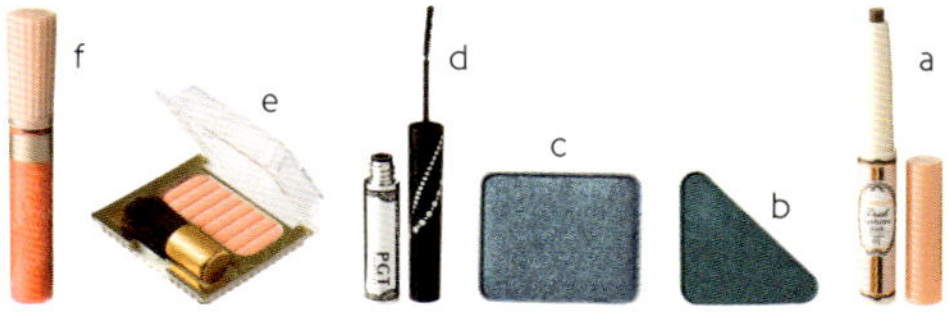

ⓐキャンメイク　デュアルアイブロウスティック 01 ナチュラルブラウン／井田ラボラトリーズ　ⓑマリークヮント アイオープナー G-07／マリークヮント コスメチックス　ⓒプレスド アイシャドー（レフィル）ME 655ソフトブルー／シュウ ウエムラ　ⓓパルガントン スキニーマスカラ SM10 ブラック／ドド・ジャパン　ⓔスウィーツスウィーツ シルキーシフォンチーク 05 マンダリンシフォン／シャンティ　ⓕポール & ジョー リップグロス G 06／ポール&ジョー ボーテ

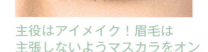

style 15

華やかパーティ

上品なお嬢さま顔は、"丸み"で作る!

上品フォーマル

組み合わせテクニック

Basemake
化粧下地➡
リキッドファンデ➡
フェイスパウダー

＋

Eyeblow
アーチ眉（太め）

＋

Eyemake
黒目重心➡
アイライン基本
（リキッド）➡
ビューラー・マスカラ基本

＋

Cheek
基本（パウダー）

＋

Lip
ペンシル➡グロス

\ こんな印象! /

- ☑ 女性らしく品がある
- ☑ かわいらしい
- ☑ エレガントで華がある

How to make-up!

Base & Cheek

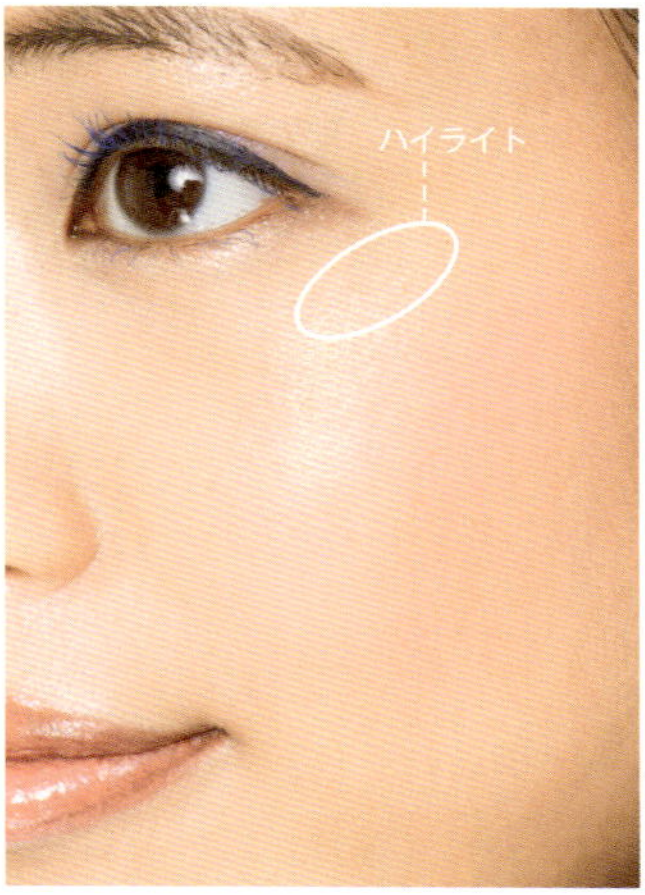

ツヤ肌＋ハイライトで きらめくパーティ肌に

ハレの日は、リキッドファンデーションとフェイスパウダーで作るツヤ肌を作りましょう。目尻下にハイライトをのせると華やかさがアップします。チークはピンク色をチョイスします。Tゾーンにもハイライトを入れるとさらにグッド。

Eyebrow & Eye

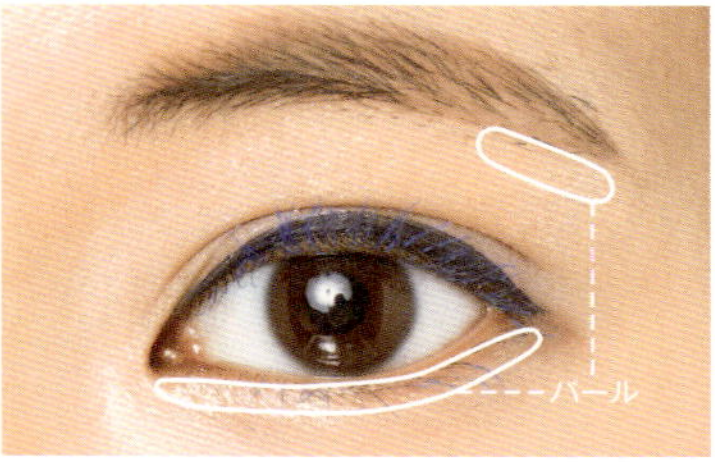

パープル×ブルーで、透明感のある目元を演出

あえて眉頭は描かず、黒目の内側あたりから太めにアーチを意識して描きます。アイシャドウは2色を黒目重心で。アイラインとマスカラはブルーを使うことで透明感アップ。ラインも太く、下まぶた全体と眉尻にパールをのせきらめく目元に。

Lip

リップペンシルを使って よりきちんと感を出して

オレンジのペンシルリップライナーでまず唇の内側をぬり、次にベージュピンクでラインをとります。2色使うことで、より輪郭がはっきりし、きちんとした印象に。ペンシルは落ちにくいので食事シーンにもおすすめです。

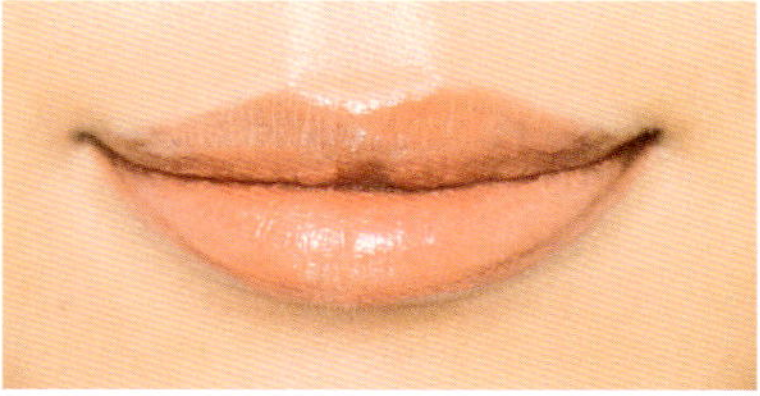

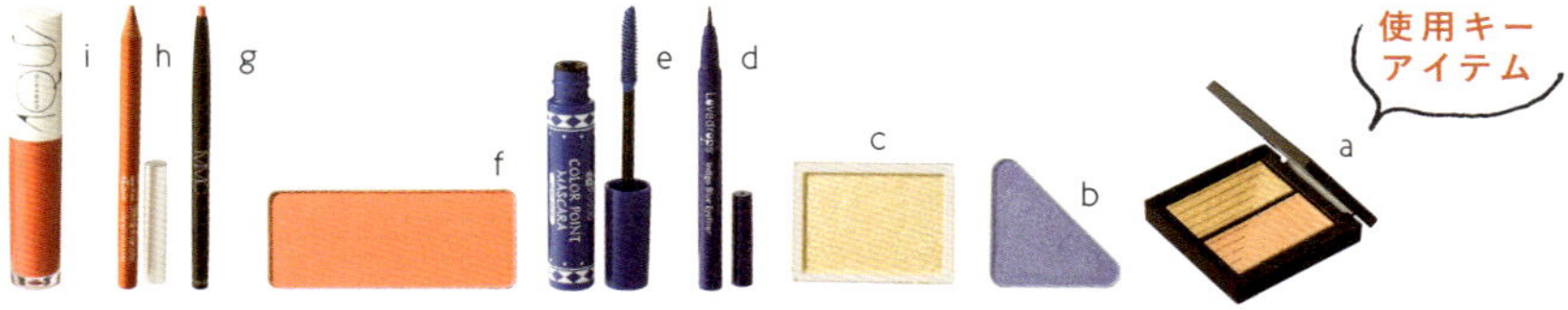

ⓐ(アイシャドウのハイライトとして使用)ナーズ デュアルインテンシティーブラッシュ 5502／ナーズ ジャパン　ⓑマリークヮント アイオープナー T-06／マリークヮント コスメチックス　ⓒ(下まぶたと眉尻に使用)アイカラーa GD2／エテュセ　ⓓラブドロップス インディゴブルーアイライナー／石澤研究所　ⓔドド カラーポイントマスカラWP CM10ブルー／ドド・ジャパン　ⓕグローオンP 560ミディアムピーチ／シュウ ウエムラ　ⓖミネラルリップライナー 04ピンキッシュ／エムアイエムシー　ⓗペンシルリップライナー オレンジ／エテュセ　ⓘアクア・アクア オーガニックシアーグロス 03アプリコットピンク／レッド

style 16

色み・質感・オプションできらめく顔に 華やかパーティ

スマートカジュアル

組み合わせテクニック

Basemake

化粧下地➡リキッドファンデ➡フェイスパウダー

＋

Eyeblow

平行眉（太め）

＋

Eyemake

目頭重心&囲み目シャドウ➡アイライン基本（リキッド）➡ビューラー・マスカラ基本

＋

Cheek

基本（パウダー）

＋

Lip

ペンシル＋グロス

＼こんな印象！／

- ☑かわいらしい
- ☑明るくて社交的
- ☑服に負けない華やかさがある

How to make-up!

Base & Cheek

明るい照明に負けない血色で、印象的な笑顔に

カジュアルなパーティメイクは、親しみやすさを出すのがキモ。ポイントはチークの２色使い。薄めのピンクを広めにのせたあと、濃いピンクを基本の入れ方でオン。血色がよくなり明るい照明にも負けませんし、色に深みが出て笑顔が印象的に映えます。

Eyebrow & Eye

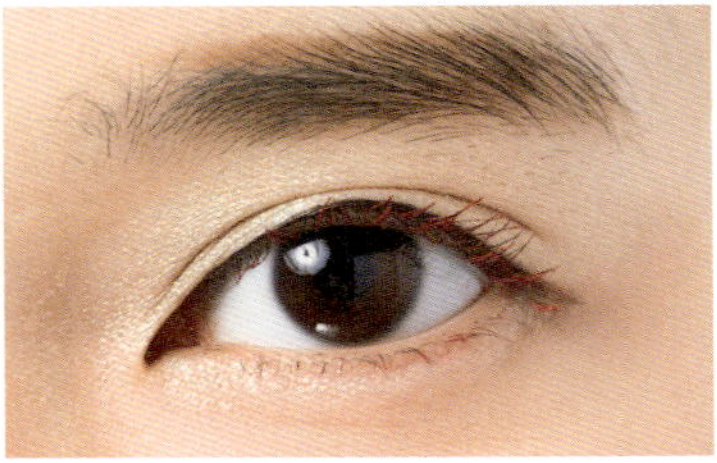

赤をポイントとしたニュアンスアイメイク

カラーマスカラで目元にニュアンスをプラス。アイシャドウをパール感のある１色だけにすることでまつ毛の赤を強調します。さらに、下まぶたにはハイライト（涙袋アイカラー）をのせましょう。濃くしなくても印象的な目元ができあがります。

Lip

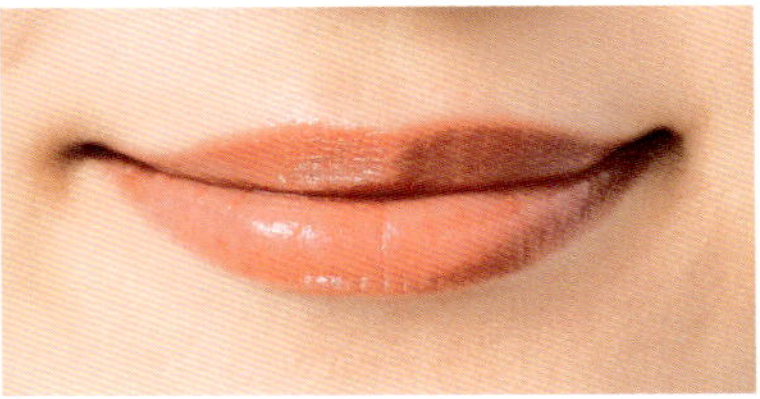

事前の保湿と、ブラシぬりで食べても飲んでも落ちにくく

リップはできればブラシを使って、P81の「ペンシルのぬり方」と同じプロセスでぬり、リップラインをとりましょう。飲食の場では、事前にリップで保湿しブラシを使うと落ちにくくなります。

※ラインのとり方はP81「ペンシルのぬり方基本」プロセス２参照

使用キーアイテム

ⓐプレズドアイシャドーIR 811ライトベージュ／シュウ ウエムラ　ⓑマジョリカ マジョルカ パーフェクトオートマティックライナー RD605／資生堂　ⓒティンカーウィンク 涙袋アイカラー 華やかなピンクベージュ／桃谷順天館 ジュネフォース事業部　ⓓアクア・アクア オーガニックパウダーチーク 03ストロベリーミルク／レッド　ⓔヴィセ リシェ ブレンドカラーチークス RD-２／コーセー　ⓕセザンヌ ボリュームリップ（唇用美容液）／セザンヌ化粧品　ⓖペンシルリップライナー レッド／エテュセ　ⓗスウィーツスウィーツ リップショコラティエ 02 アップルショコラ／シャンティ

シーズンメイク 春

style
17

組み合わせテクニック

Basemake
CCクリーム➡パウダーファンデ
＋
Eyeblow
平行眉（太め）
＋
Eyemake
多色アイシャドウ（下記参照）➡アイライン基本（ペンシル）➡ビューラー基本
＋
Cheek
丸形（クリーム&パウダー）
＋
Lip
スティック直ぬり➡グロス

How to make-up!

目の多色使いが◎。春らしくトーンを統一

Eyebrow&Eye アイシャドウは縦割り２分割でそれぞれ目頭、目尻から入れ、中心を指でなじませます。アイラインはペンシルでまつ毛の間を埋める程度に。まつ毛はビューラーだけにし、シャドウの色を際立たせて。
Base&Cheek ベースメイクはCCクリームとパウダーファンデでソフトな薄づきに。チークはパウダーとクリームの両方を重ねることで、春の陽気に似合う桃肌に。丸く入れます。
Lip 色づきのよいコーラルピンクのグロスで仕上げます。

Base & Cheek

d
c

ⓒちふれ チーク カラー（ブラシ付）442オレンジ系／ちふれ化粧品 ⓓナーズ ザ マルティプル1511N／ナーズ ジャパン

Eyebrow & Eye

a
b

ⓐプレスドアイシャドー S350イエロー ⓑ同S436イエローグリーン／以上シュウ ウエムラ

Lip

e

ⓔパルガントン リキッドリッチルージュLR20ピュアコーラル／ドド・ジャパン

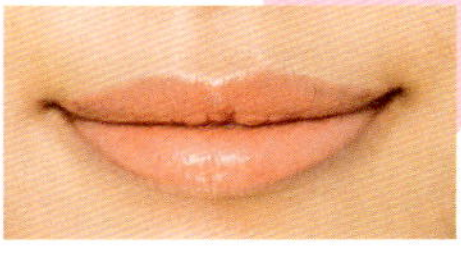

style 18

シーズンメイク 夏

組み合わせテクニック

Basemake
CCクリーム➡フェイスパウダー

＋

Eyeblow
眉間遠め×ナチュラル眉

＋

Eyemake
目尻重心+α（下記参照）➡アイライン基本（ペンシル）➡ビューラー・マスカラ基本

＋

Cheek
基本（広めに）

＋

Lip
スティック直ぬり➡グロス

How to make-up!

夏は薄づきベースと涼しげ大人パステルで

Eyebrow&Eye 眉間を離し、クールになりがちな目元を和らげます。眉頭だけ眉マスカラを使うと効果的。アイシャドウは目のキワにラベンダー、アイホールに全体にシャーベットグリーンで涼しげな目元に。

Base&Cheek ベースを崩れにくくするには、薄づきがいちばん。崩れても重ねづけできるCCクリームをチョイス。チークはよれにくいクリームチークのレッドを多めに広くのせます。

Lip リップは色つきバームとグロスでぼやっと仕上げて。

Base & Cheek

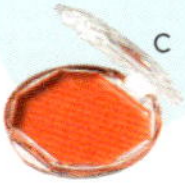
c

ⓒキャンメイク クリームチーク CL05 クリアハピネス／井田ラボラトリーズ

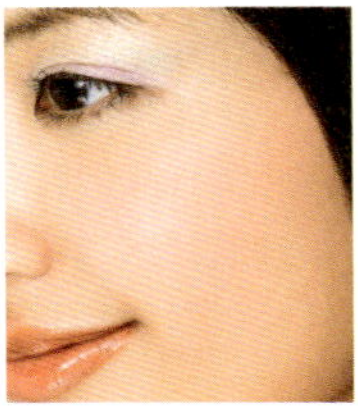

Eyebrow & Eye

a

b

ⓐエスプリーク セレクトアイカラー PU101アメジストパープル　ⓑ同GR700ミントグリーン／以上コーセー

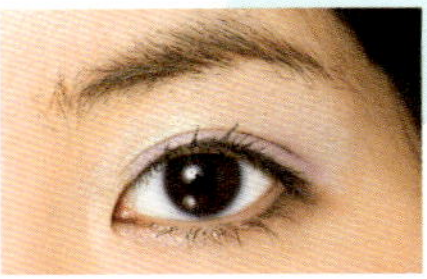

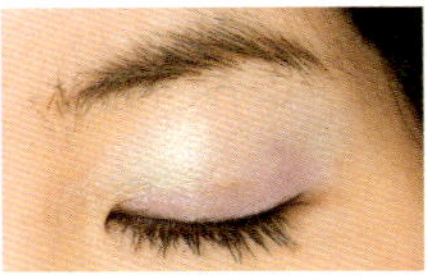

Lip

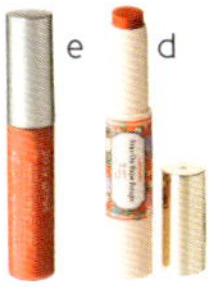
e　d

ⓓキャンメイク ステイオンバームルージュ 02 スマイリーガーベラ／井田ラボラトリーズ　ⓔジェリーグロス PK7／エテュセ

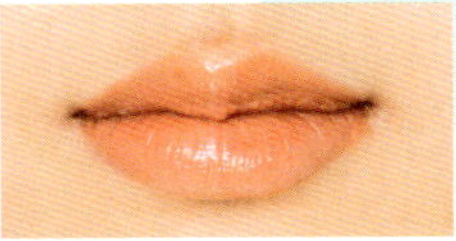

style 19

シーズンメイク 秋

組み合わせテクニック

Basemake
BBクリーム➡フェイスパウダー

＋

Eyeblow
眉間近め×角度眉（太め）

＋

Eyemake
目頭重心&囲み目シャドウ➡はね上げライン（リキッド）➡ビューラー・マスカラ基本

＋

Cheek
ほお骨〜あご（パウダー）

＋

Lip
筆ぬり（下記参照）

How to make-up!

秋はちょっと濃いめにボルドー仕立て

Eyebrow&Eye 眉間を近づけ、輪郭をしっかりと描いて、角度ありの太眉に。アイシャドウはボルドー１色を目頭重心でのせ、下まぶたにもまつ毛の影を作るようにして囲みシャドウに。アイラインは茶系でなじませて。

Base&Cheek 夏の肌の疲れを感じさせないようにBBクリームでしっかりとカバー。チークは血色を感じさせる程度でOK。

Lip マットな赤を直ぬりしたあと、少し濃いめの赤を筆にとりP81「ペンシルのぬり方基本」同様に、輪郭をとります。

Base & Cheek

ⓒちふれ チーク カラー（ブラシ付）540 レッド系／ちふれ化粧品

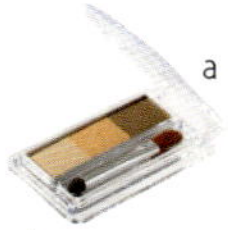

ⓐキャンメイク ミックスアイブロウ 01 イエローブラウン ⓑキャンメイク パウダリーブロウペンシル 02 マロンブラウン／以上井田ラボラトリーズ

Eyebrow & Eye

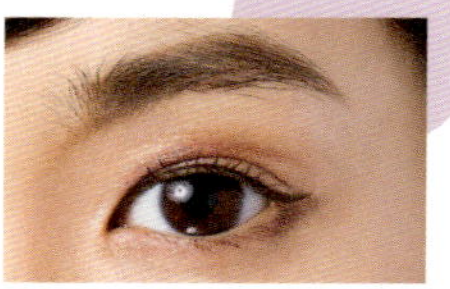

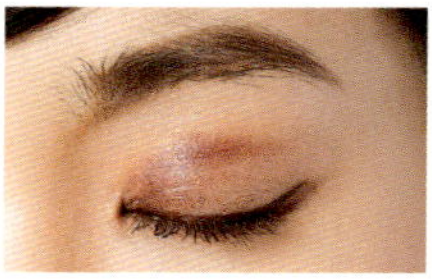

Lip

ⓓミネラルルージュ 17ディヴァインレッド／エムアイエムシー ⓔナーズ リップスティック 1011／ナーズ ジャパン

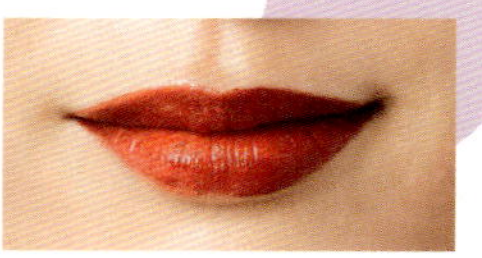

style
20

シーズンメイク 冬

組み合わせテクニック

Basemake
化粧下地➡
コントロールカラー➡
リキッドファンデ➡
フェイスパウダー

＋

Eyeblow
基本

＋

Eyemake
黒目重心&たれ目シャドウ
➡長めライン（ペンシル）
➡ビューラー・
マスカラ基本

＋

Cheek
基本（パウダー）

＋

Lip
スティック直ぬり
➡グロス

How to make-up!

自己満足で終わらせない
イベント用ピンクメイク

Eyebrow&Eye はれぼったくなりがちなピンクアイシャドウは、ダークカラーを濃くのせることと、アイラインをしっかり描くことでコントラストを出します。下まぶたにハイライトを入れて、イルミネーションにも負けないうるうるの目元に。

Base&Cheek ピンクのコントロールカラーをほお全体に仕込み、チークもピンクで冬の澄んだ空気にも映えるローズ肌に。

Lip リップスティックもグロスもピンクを合わせて、大人のピュアピンクメイクが完成。

ⓐベルベットクリスタルアイズ 02 ファーストウィンク／ジルスチュアート ビューティ
ⓑラブドロップスインパクトマスカラ／石澤研究所
ⓒエルビー スマッジジェルアイライナー ジェットブラック／アイケイ

a

c b

Eyebrow & Eye

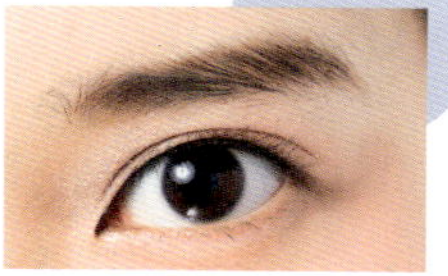

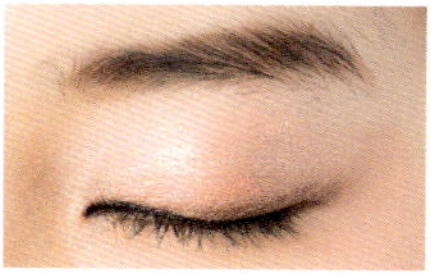

Base & Cheek

d

ⓓチークカラー PK6ドールみたいなイノセントなほおに／エテュセ

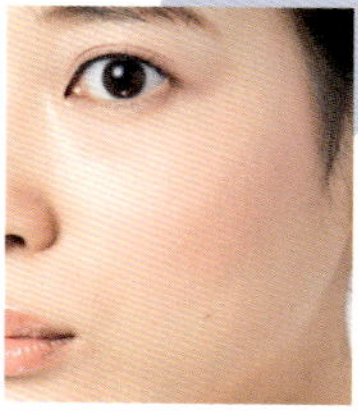

Lip

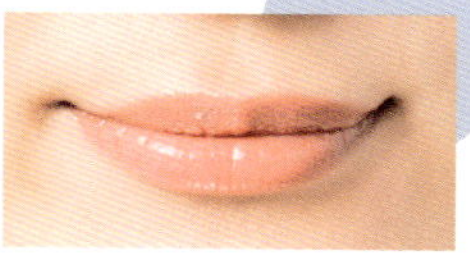

★ ★ ★

マイナス5歳効果も!?
大人のカラコンとのつきあい方

黒目を大きくしたいときにはカラコンを使う人も多いですね。
色や大きさなど、大人の女性にふさわしく自分の瞳に合うものをご紹介。

大人はやり過ぎカラコンはNG！選び方に注意して

カラコンは、目の印象を強くでき、ここ数年トレンドのハーフ顔っぽいメイクの必需品でもあります。また、三白眼を和らげたり、白目が黄み寄りのときには黒目とのコントラストを強めることができたり、使い方次第で印象的に、若々しい瞳にも見せてくれます。20代半ば以上になったら、グレーなどの髪色にも肌色にもなじまないカラコンを使うことや14.5㎜といった大きな直径のカラコンを使うことは「イタい大人」に見えてしまうので避けましょう。色とフチどりのありなし、レンズの直径もメイクイメージに合わせてチョイスすれば、さらにイメージチェンジがかんたんにできます。

Point 1

肌や髪の色にない色のカラコンは使わない

髪や肌の色に合わせ、黒～ブラウンのカラコンがやはり自然。カーキやヘーゼルを使う場合は、2～3色混合のものを選ぶと自然に明るく見えます。バイオレット、ブルーはもちろん、グレーも避けましょう。

Point 2

表情が乏しく見えるので、大きすぎる直径は×

あまりにも直径の大きいカラコンは、目の縦幅などと合わないと宇宙人やお人形のように見えてしまい、その人本来の「目の表情」がなくなってしまいます。三白眼以外の人は直径14.0～14.2㎜くらいを限度に。

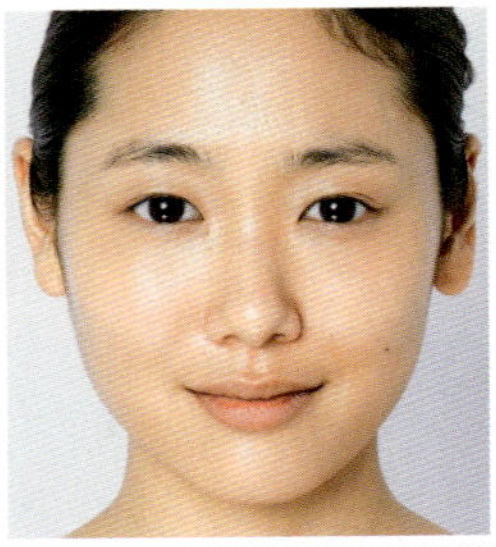

裸眼 Before

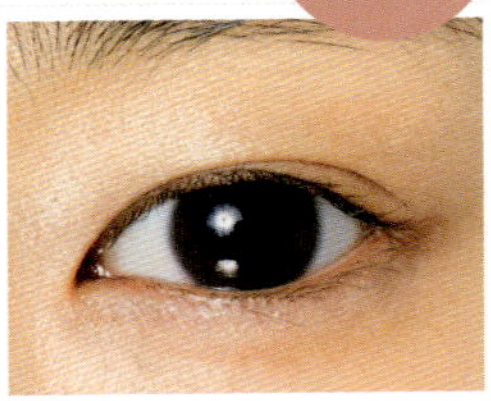

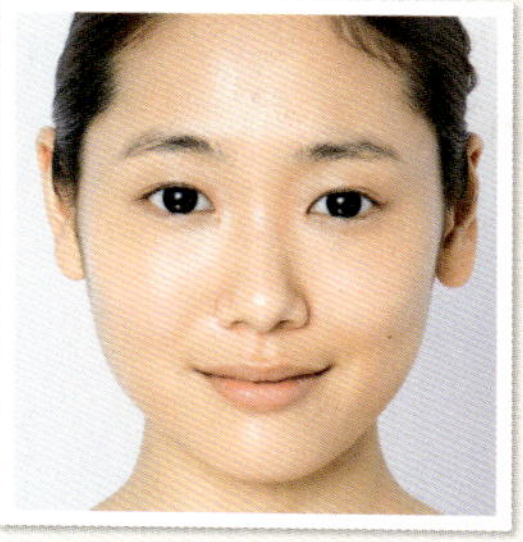

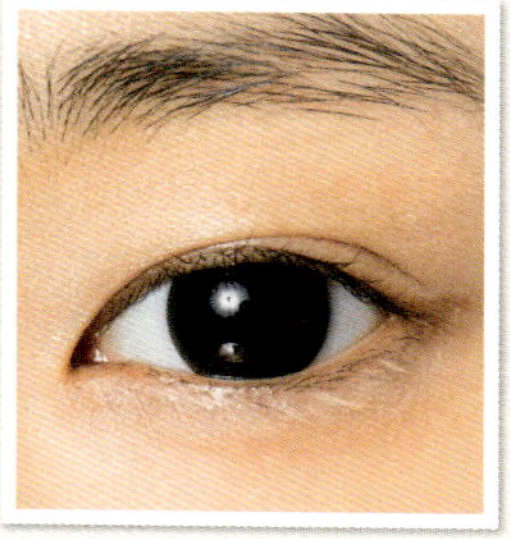

黒フチ

（直径14.0mm）

ナチュラルに目を大きく見せたいなら、グラデーションデザインのものを選びましょう。

ネオサイトワンデーリングUV　ブラック／アイレ

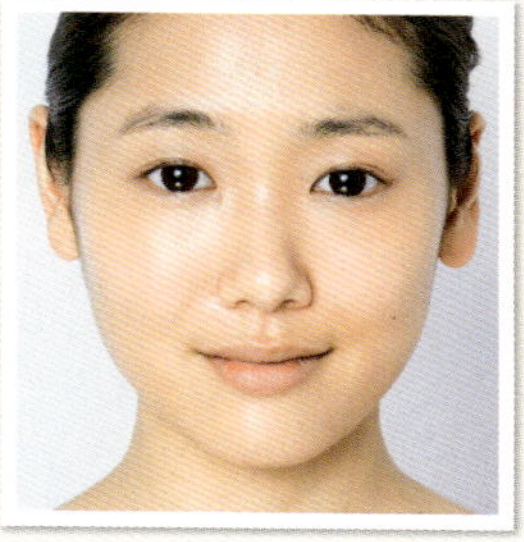

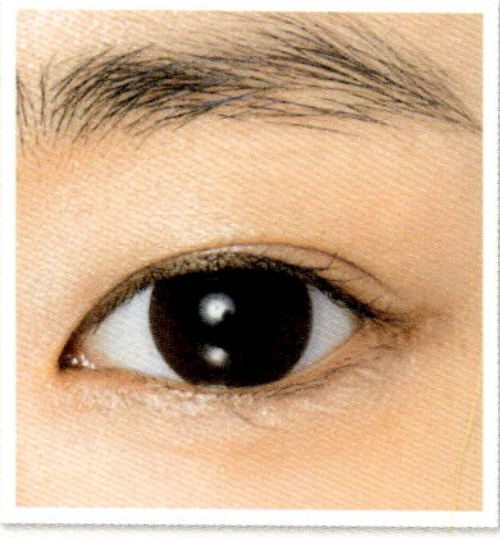

ブラウン

（直径14.2mm）

明るい茶色を選ぶなら、着色の直径があまり大きくないものを。大人のハーフ顔メイクにおすすめです。

セレクトフェアリーベーシックブラウン／シンシア

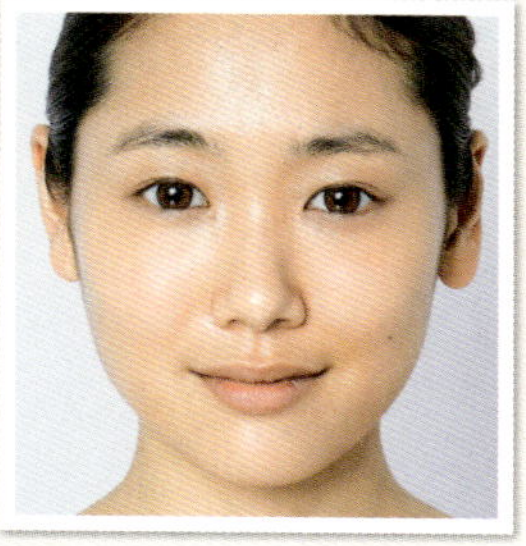

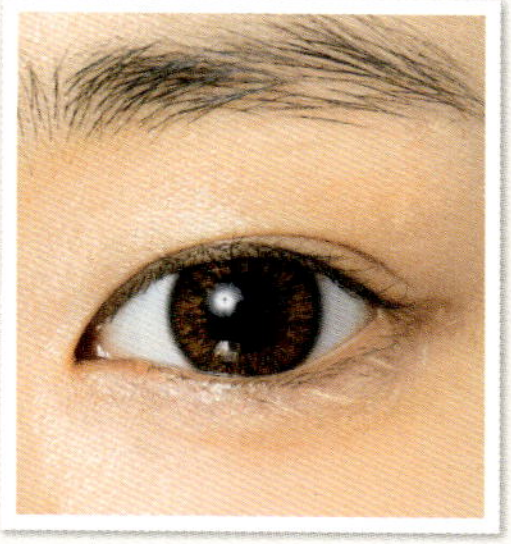

ナチュラル

（直径14.2mm）

主張し過ぎないフチでワントーンの自然なグラデーションのものを選ぶと、なじみもよくやわらかい印象に。

ヌーディーアイ 1day ヌーディーショコラOne／ティー・アンド・エイチ

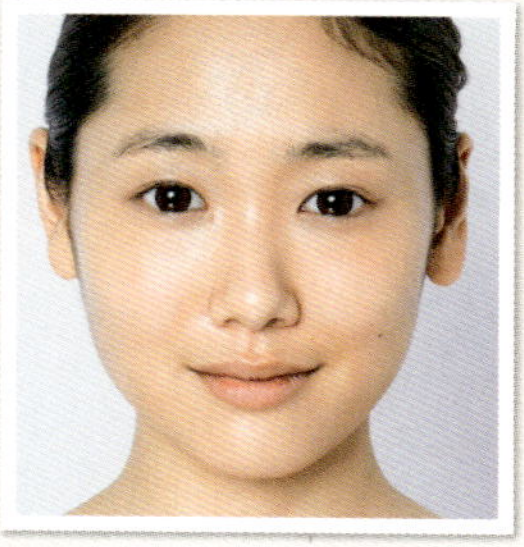

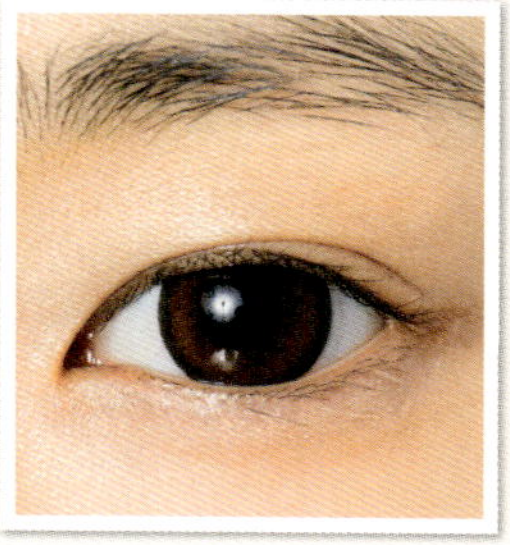

2色グラデ

（直径14.5mm）

少し大きめサイズを選ぶ場合は、2色のグラデーションで目の表情を生かすデザインのものを。

ドーリーポップ 1day ブラウンフレアOne／ティー・アンド・エイチ

テクニック早見表

P90～の「イメージ別メイク集」のTPO適応度と、使用するテクニックをまとめました。詳細は各メイクページでご確認ください。

		style 01	style 02	style 03	style 04
		オフィス外勤 （営業メイク） ➡P90	オフィス外勤 （打ち合わせメイク） ➡P92	オフィス内勤 （事務職メイク） ➡P94	オフィス内勤 （受付メイク） ➡P96
フォーマル度		★★★★★	★★★★★	★★☆☆☆	★★★☆☆
カジュアル度		★☆☆☆☆	★☆☆☆☆	★★☆☆☆	★★☆☆☆
女子会向き		☆☆☆☆☆	☆☆☆☆☆	☆☆☆☆☆	☆☆☆☆☆
デート向き		☆☆☆☆☆	☆☆☆☆☆	★☆☆☆☆	★☆☆☆☆
こんなとき、こんな人にもおすすめ		就職活動、 キャビンアテンダント	就職活動、 プレゼン	オフィスカジュアル、 恋人の実家に おじゃまするとき	オフィスカジュアル、 販売員の人、 会社帰りの合コン
ベースメイク ➡P18～ ※「コントロールカラー」「コンシーラー」「ハイライト／ローライト」はテクニックとして使うときだけ明記しています。自分の肌の状態や骨格などに合わせて、使用してください。		化粧下地 ↓ リキッドファンデ ↓ フェイスパウダー	BBクリーム ↓ パウダーファンデ	化粧下地 ↓ パウダーファンデ	化粧下地 ↓ コントロールカラー ↓ リキッドファンデ ↓ パウダーファンデ
アイブロウ（眉）➡P48～	位置	眉間近め	眉間近め	眉間遠め	眉間遠め
	形	基本	角度眉 （太め）	基本	アーチ眉
アイシャドウ ➡P56～	のせ方	目尻重心	目尻重心	眉頭重心	黒目重心
	色数	3色 ブラウン	3色 ブラウン	3色 オレンジピンク	2色 ブラウン系
	下まぶた	——	——	——	——
アイライン ➡P62～	形	はね上げライン	はね上げライン	基本	基本
	アイテム	リキッド	リキッド	リキッド	リキッド
ビューラー ➡P66～		基本	基本	基本	基本
マスカラ ➡P66～		基本	基本	基本	基本
チーク ➡P72～	入れ方	基本	基本	基本 （高めから）	ほお骨～小鼻 （高めから）
	アイテム	パウダー	パウダー	パウダー	パウダー
リップ（唇）➡P78～		直ぬり ナチュラルピンク ↓ ペンシル（ライン）	直ぬり 落ち着いた赤 ↓ ペンシル（ライン）	直ぬり オレンジベージュ	直ぬり ピンク
その他テクニック		・リップのラインのとり方はP81「ペンシルのぬり方基本」プロセス2参照	・リップのラインのとり方はP81「ペンシルのぬり方基本」プロセス2参照	——	・リップのラインのとり方はP81「ペンシルのぬり方基本」プロセス2参照

style 10	style 09	style 08	style 07	style 06	style 05
深色セクシー ➡ P112	パステル キュート （丸顔の場合） ➡ P106	パステル キュート （面長の場合） ➡ P104	ハーフ顔 ➡ P102	すっぴん風 （ご近所メイク） ➡ P100	超ナチュラル ➡ P98
★★★☆☆	★☆☆☆☆	★☆☆☆☆	☆☆☆☆☆	☆☆☆☆☆	★☆☆☆☆
★★☆☆☆	★★★★☆	★★★★☆	★★★★☆	★★★★★	★★★★☆
★★★☆☆	★★★☆☆	★★★★☆	★★★★★	☆☆☆☆☆	★★★☆☆
★★★★☆	★★★★★	★★★★★	★★★★☆	★☆☆☆☆	★★★★☆
かっこいい服装の とき、飲み会	春、新生活、ガーリー なワンピーススタイル のとき、カフェで お茶を楽しむとき	春、新生活、ガーリー なワンピーススタイル のとき、カフェで お茶を楽しむとき	テーマパークデート、 ショッピング	コンビニやスーパー に行くとき、電車に 乗らないおでかけ	アウトドア、 カジュアルな飲み会
化粧下地 ⬇ パウダーファンデ	BBクリーム ⬇ パウダーファンデ	BBクリーム ⬇ パウダーファンデ	化粧下地 ⬇ コンシーラー ⬇ リキッドファンデ ⬇ フェイスパウダー	CCクリーム ⬇ コンシーラー ⬇ フェイスパウダー	化粧下地 ⬇ リキッドファンデ ⬇ フェイスパウダー
眉間遠め	目と眉近め	基本	眉間近め	眉間遠め	目と眉近め
基本（細め） ※アイブロウ マスカラあり	平行眉（短め） ※アイブロウ マスカラあり	基本 （短め太め）	基本 ※アイブロウ マスカラあり	ナチュラル眉 ※アイブロウ マスカラあり	基本
目尻重心	黒目重心	黒目重心	目尻重心	なし	アイホール全体★
2色 モーブピンク	2色 パステルパープル	2色 パステルブルー	3色 ブラウン	——	1色 クリームシャドウの ベージュ
囲み目シャドウ	たれ目シャドウ、 目頭にパール★	囲み目シャドウ （パール）、 たれ目シャドウ	たれ目シャドウ、 目頭にパール★	——	——
基本（細め）、 囲み目	基本	黒目強調	基本（太め）	なし	基本（細め）
リキッド	リキッド	ペンシル	リキッド	——	リキッド（ブラウン）
基本	基本	基本	基本	基本	基本
基本	基本 （カラーマスカラ： ブラウン）	基本	扇形まつ毛	なし	基本
ほお骨〜あご	丸形	ほお骨〜小鼻 （高めから）	ハーフ顔	ほお骨〜小鼻	基本＋α★
パウダー	パウダー	パウダー	クリーム	クリーム	パウダー
筆ぬり モーブピンク	グロス	グロス （2色重ねる）	直ぬり （オーバー気味） 薄ピンク ⬇ グロス	直ぬり	直ぬり
・あご先にもチークを のせる ・筆ぬりのプロセスは、 P81「ペンシルの ぬり方基本」と同様	・カラコン	——	・眉頭と鼻骨の間の くぼみにローライト （ノーズシャドウ）を 入れる ・カラコン	——	——

★は「イメージ別メイク集」だけで出てくるテクニックです。各ページを参照しましょう

テクニック早見表

P90～の「イメージ別メイク集」のTPO適応度と、使用するテクニックをまとめました。詳細は各メイクページでご確認ください。

style 14 カラークール ➡P120	style 13 大人クール ➡P118	style 12 抜け感モード ➡P116	style 11 モードセクシー ➡P114		
☆☆☆☆☆	★★★☆☆	★★☆☆☆	☆☆☆☆☆	フォーマル度	
★★★★★	★★★☆☆	★★★☆☆	★★★☆☆	カジュアル度	
★★★★☆	★★★★☆	★★★★★	★★★★☆	女子会向き	
★☆☆☆☆	★★☆☆☆	★★★☆☆	★★★☆☆	デート向き	
個性的なファッションのとき、夜の街で遊びたいとき	夏、タイトなまとめ髪のとき	普段着でもおしゃれに見せたいとき、公園デート、ピクニック	かっこよく見せたいとき、飲み会	こんなとき、こんな人にもおすすめ	
化粧下地 ⬇ リキッドファンデ ⬇ フェイスパウダー	化粧下地 ⬇ リキッドファンデ ⬇ フェイスパウダー	BBクリーム ⬇ コンシーラー ⬇ フェイスパウダー	化粧下地 ⬇ パウダーファンデ	ベースメイク ➡P18～ ※「コントロールカラー」「コンシーラー」「ハイライト／ローライト」はテクニックとして使うときだけ明記しています。自分の肌の状態や骨格などに合わせて、使用してください。	
眉間遠め	基本	眉間近め、目と眉遠め	眉間遠め	位置	アイブロウ(眉) ➡P48～
角度眉 ※アイブロウマスカラあり	アーチ眉	平行眉(太め)	基本(細め)	形	
目尻重心(平行四辺形)★	目尻重心(平行四辺形)★	目頭重心	目尻重心	のせ方	アイシャドウ ➡P56～
1色(2色を重ねる) マットグリーンとパールブルーの重ねぬり	2色 ブルー系	1色★ ヌーディーカラー	1色★ ヌーディーカラー	色数	
囲み目シャドウ	たれ目シャドウ	——	囲み目シャドウ	下まぶた	
はね上げライン	はね上げライン	長めライン	基本(太め)、囲み目	形	アイライン ➡P62～
リキッド	リキッド	リキッド	リキッド	アイテム	
基本	基本	基本	基本	ビューラー ➡P66～	
基本	基本	基本	基本	マスカラ ➡P66～	
ほお骨下～小鼻	ほお骨～小鼻(低めから)	ほお骨下～あご	ほお骨下～あご	入れ方	チーク ➡P72～
パウダー	クリーム	パウダー	パウダー	アイテム	
グロス	直ぬり ナチュラルピンク ⬇ グロス	直ぬり 赤 ⬇ グロス	筆ぬり ベージュピンク	リップ(唇) ➡P78～	
——	——	——	・あご先にもチークをのせる ・筆ぬりのプロセスは、P81「ペンシルのぬり方基本」と同様	その他テクニック	

style 20	style 19	style 18	style 17	style 16	style 15
シーズンメイク（冬）	シーズンメイク（秋）	シーズンメイク（夏）	シーズンメイク（春）	華やかパーティ（スマートカジュアル）	華やかパーティ（上品フォーマル）
➡P129	➡P128	➡P127	➡P126	➡P124	➡P122
★★★☆☆	★☆☆☆☆	★★☆☆☆	☆☆☆☆☆	★★★★☆	★★★★★
★★☆☆☆	★★★☆☆	★★★★☆	★★★★☆	★★☆☆☆	★☆☆☆☆
★★☆☆☆	★★★★☆	★★★☆☆	★★★★☆	★★★★☆	★★☆☆☆
★★★★★	★☆☆☆☆	★★★★☆	★★★☆☆	★★★☆☆	★★★★★
ホテルディナー、同窓会	おしゃれを楽しみたいとき	リゾート	ピクニック、公園デート	ファッションパーティ、立食パーティ、スマートカジュアルのレストラン	フォーマル度の高い婚活パーティ、結婚披露パーティ、恋人家族と会食
化粧下地 ⬇ コントロールカラー ⬇ リキッドファンデ ⬇ フェイスパウダー	BBクリーム ⬇ フェイスパウダー	CCクリーム ⬇ フェイスパウダー	CCクリーム ⬇ パウダーファンデ	化粧下地 ⬇ リキッドファンデ ⬇ フェイスパウダー	化粧下地 ⬇ リキッドファンデ ⬇ フェイスパウダー
基本	眉間近め	眉間遠め	基本	基本	眉間遠め、目と眉遠め
基本	角度眉（太め）	ナチュラル眉 ※眉頭だけにアイブロウマスカラ	平行眉（太め）	平行眉（太め）	基本（太め）
黒目重心	目頭重心	目尻重心＋α★	多色アイシャドウ★	目頭重心	黒目重心
3色 ピンク	1色 ボルドー	2色 ラベンダー×シャーベットグリーン	2色 イエロー×グリーン	1色★ パールベージュ	2色 パール×パープル
囲み目シャドウ（パール）	囲み目シャドウ（ボルドー）	——	——	囲み目シャドウ（ハイライト）	囲み目シャドウ（パール）
長めライン	はね上げライン	基本	基本	基本（太め）	基本（太め）
ペンシル	リキッド	ペンシル	ペンシル	リキッド	リキッド（ブルー）
基本	基本	基本	基本	基本	基本
基本	基本	基本	——	基本（カラーマスカラ：赤）	基本（カラーマスカラ：ブルー）
基本	ほお骨～あご	基本（広めに）	丸形（2色を重ねる）	基本（2色を重ねる）	基本
パウダー	パウダー	クリーム	パウダー＆クリーム	パウダー	パウダー
直ぬり ピンク ⬇ グロス	筆ぬり マットな赤2色	直ぬり 色づきバーム ⬇ グロス	グロス 色づきのよいコーラルピンク	ペンシル（ラインしっかり） ベージュピンク ⬇ グロス	ペンシル（ラインしっかり） オレンジ×ベージュピンク ⬇ グロス
——	・眉頭と鼻のくぼみにローライト ・筆ぬりのプロセスは、P81「ペンシルのぬり方基本」と同様	——	——	——	・眉尻のラインにそってパールをのせる ・Tゾーンと目尻下にハイライト

★は「イメージ別メイク集」だけで出てくるテクニックです。各ページを参照しましょう

★ ★ ★

知るともっと楽しいメイクの雑学

スポンジの替えどき、日焼け後のそれまでのファンデーションの使い道など、ためになるメイクの雑学をご紹介します。

1 スポンジ・パフ・ブラシのお手入れで肌状態が改善することも！

ファンデーションのスポンジやフェイスパウダーのパフ、ブラシなど毎日肌に触れるものには皮脂やメイク汚れが付着し、菌が繁殖してニキビや肌荒れの原因に。本来なら毎日洗うのがベスト。スポンジは100円ショップなどの使い捨てタイプにすれば洗う手間も省けますね。パフやブラシは１週間に１度を目安に洗いましょう。これで原因不明の肌荒れが劇的に改善した人もいます。

2 リキッドファンデーションに乳液をプラスすればＢＢ～ＣＣクリームに！

肌の質感的にもう少しツヤがほしい、リキッドファンデーションのテクスチャーやつきを薄めたい、と思ったらリキッドファンデーションに乳液をプラスしましょう。乳液はみずみずしいタイプだと分離してうまく混ざらないので昔ながらのこっくりタイプで。カバー力は落ちますがスキンケア効果がプラスされ、顔料の少ないＣＣとＢＢクリームの間くらいの軽やかな仕上がりになります。

3 下まぶたにフェイスパウダーをしっかりつけるとパンダ目になりにくい

とても多い「パンダ目になる」というお悩み。ウォータープルーフやレジスタントのアイテムにチェンジすることも大切なのですが、目の下の細かなシワに残ったリキッドファンデーションなどの油分がパウダーでおさえられていないと、油分でアイメイクが溶けてにじみます。目尻から目頭に向かってパウダーをならすようにするだけでかなりにじみがなくなります。

4 日焼けしたらそれまで使っていたファンデーションはハイライトに使える

日焼けして、「それまで使っていたファンデーションの明るさが合わなくなってしまった！　かといって次のシーズンまではもたない」というときは、元のファンデーションを顔の中心部分だけにつけてみましょう。すると、ハイライト効果に。２色つける手間も、暗いファンデーションを買う必要もなく、日焼けした肌がシェーディング効果を果たし、小顔効果も期待できます。それでも難しい差なら一段暗めの色と並行して使い、ハイライト（P44）にすれば無駄なく使い切れます。

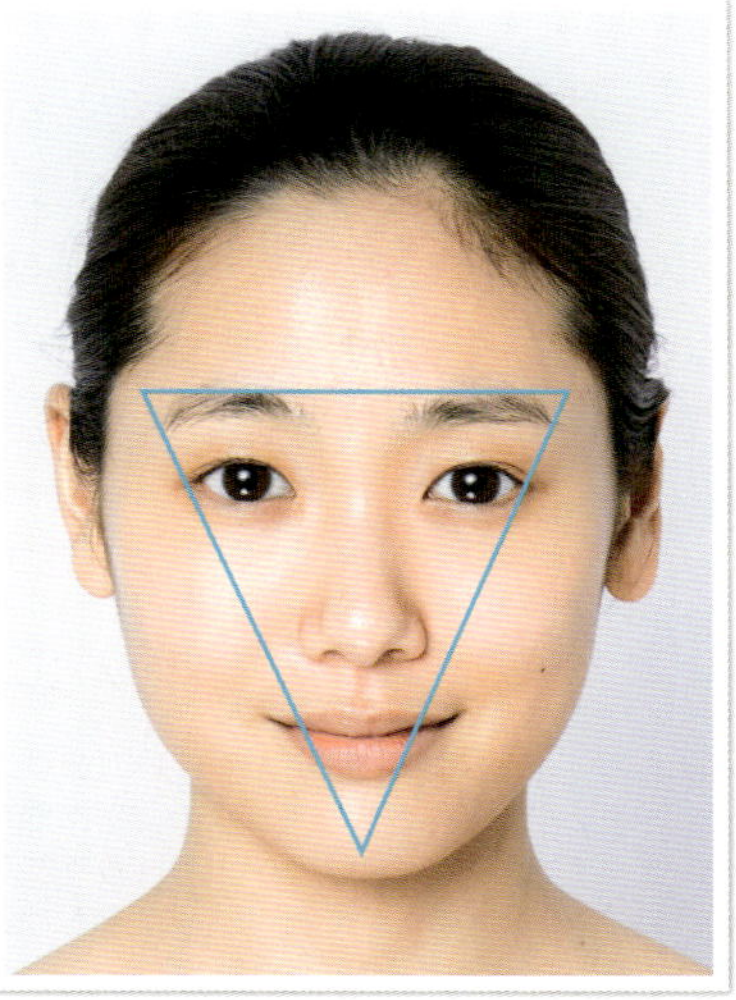

化粧下地のあと、左の写真の三角部分に元の色のファンデーションを塗り、フェイスラインへ向かってグラデーションになるように自肌となじませます。

5 バランスのよいメイクをするには、顔全体が見える鏡が必要

メイクをするときは、顔全体や着ている服の色まで見えたほうが、色や入れ方のバランスがとりやすくなります。ファンデーションパクトのミラーなどだと近くで自分を見てしまうため、コンプレックスなどに目がいきやすくなります。パーソナルスペースがあれば他人が気づかないほどのシミ・シワまでも気になってしまい、厚ぬりの原因にもなります。大きな鏡で自分を常に客観視しましょう。

MANAMI
おすすめアイテム

ドゥーオーガニック

エクストラクトローションモイスト

敏感肌が年々増え続けている今、とにかく低刺激でオールスキンタイプに使えて高保湿、と機能的なところが魅力の化粧水。

ジャパンオーガニック
0120-15-0529
HP www.do-organic.com

ブランシェブランシェ

ピュアクレンジングオイル

普段のナチュラルメイクから、舞台現場のハードなメイクまで、どんなメイクもする落ちで、超乾燥肌もつっぱらないスキンケア力がお気に入り。

ケイ・エス・ジャパン
Tel 06-6533-8188
HP www.ksjapan.com

ネスノ

バランスベール〈保湿ゲル〉

メンズモデルからタレントまで、幅広く使用者が多いゲル。とにかく肌がふっくら、ちりめんジワやほうれい線も目立ちにくくなります。

日東電化工業
0120-933-871
HP nesno.net

北海道純馬油本舗

ピュアホワイトQ10 プレミアムローズ

全身使える、コエンザイムQ10入りの美容のための馬油。クリーム状で肌なじみもよく、頭皮から、ファンデーションをうすめるときなどにも使えます。

北海道純馬油本舗
0120-226-787
HP junbayu.com

【注意】
※情報は2016年２月現在のものです。お客様がご利用になるときは、情報が異なっている場合がございます。あらかじめご了承ください

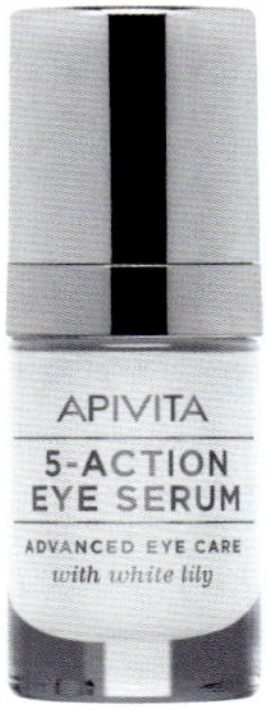

アピヴィータ

5A アイセラム

血行促進、保湿、メイクへのなじみ、どれをとっても一級品。目まわりを元気にするセラムで保湿力も高いものはかなり珍しいです。

アピヴィータ
Tel 03-6416-3983
HP www.apivita.co.jp

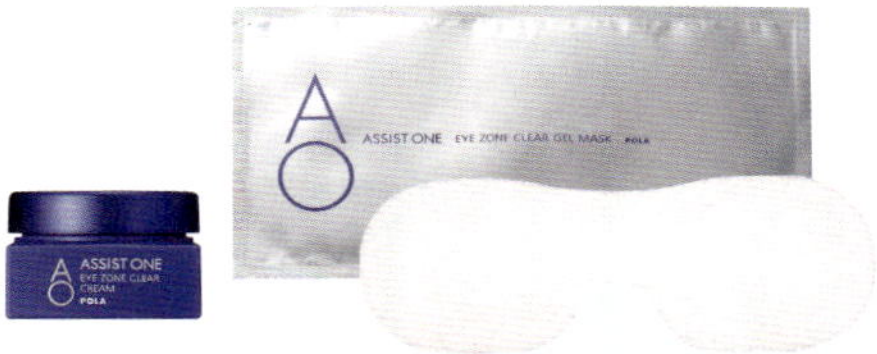

ポーラ

アシストワン アイゾーンクリア

年齢がでやすい目元を4週間かけて集中的にケアできるジェルマスク&アイクリームのセット。1か月後にはクリアでエイジレスな目元に。

ポーラ
0120-117111
HP www.pola.co.jp

エクストリームラッシュ

リントフリーアプリケーター

綿棒のような繊維がないので、目に繊維が入らずすっきりとメイク落としができます。アイラインのぼかしや、リップを直ぬりしたくないときなどにも！（写真は25本入り）。

XTREME LASHES
Tel 03-6277-2738
HP www.xtremelashes.jp

スック

アイラッシュ カーラー

まつ毛が真上を向くのに、カキッと折れません。独特な使い方で、瞬間だけでなく上げたまつ毛が長持ちします。

エキップ
0120-988-761
（10:00～17:00、土日・祝日を除く）
HP www.suqqu.com

パラソーラ

エッセンスインフレグランス UVスプレー

ウォータープルーフ、だけど石鹸で落ちるSPF50。逆さにしても、メイクの上からでも、白くならない日焼け止めです。ぬりにくい部位にも便利。

ナリスアップコスメティックス
0120-32-4600
（9:00～17:00、土日・祝日を除く）
HP www.narisup.com

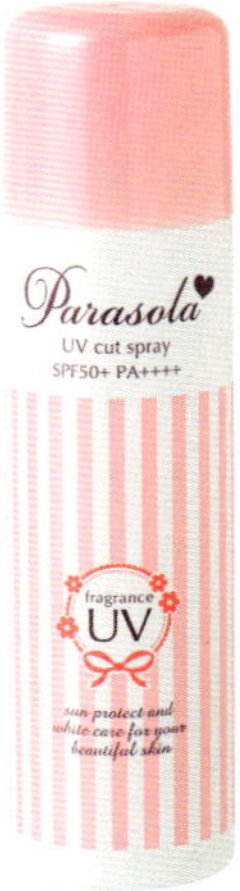

コスメ協力一覧（50音順）

エムアイエムシー
Tel 03-5731-1337（代表）
（10:00〜18:00、土日・祝日を除く）

msh
0120-13-1370
（10:00〜18:00、土日・祝日を除く）

カネボウ化粧品
0120-518-520
（9:00〜17:00、土日・祝日を除く）

コーセー
0120-526-311
（9:00〜17:00、土日・祝日を除く）

コーセー コスメニエンス
0120-763-328
（9:00〜17:00、土日・祝日を除く）

資生堂
0120-30-4710（点検日を除く）

シャンティ
0120-56-1114
（9:00〜17:30、土日・祝日を除く）

シュウ ウエムラ
Tel 03-6911-8560

アイケイ
Mail lb-support@ai-kei.co.jp

アプロス
0120-996-996
（9:00〜21:00）

石澤研究所
0120-49-1430
（9:00〜17:30、土日・祝日を除く）

伊勢半
Tel 03-3262-3123

井田ラボトリーズ
0120-44-1184
（9:00〜17:30、土日・祝日を除く）

イプサ
0120-523543
（10:00〜17:00、土日・祝日を除く）

エテュセ
0120-074316
（10:00〜17:00、土日・祝日を除く）

エトヴォス
0120-0477-80
（10:30〜17:00、土日・祝日を除く）

※情報は2016年２月現在のものです。お客様がご利用になるときには変更されている場合もございますので、あらかじめご了承ください
※問合せ先の営業時間には、年末年始休暇、ゴールデンウィーク休暇、夏季休暇、その他臨時休業日は含まれておりません。連絡される前にホームページなどでご確認をお願いいたします

ナーズ ジャパン

0120-356-686
(9:00～17:00、土日・祝日を除く)

ナリスアップ コスメティックス

0120-32-4600
(9:00～17:00、土日・祝日を除く)

ネーチャーズウェイ

0120-060802
(9:00～17:00、土日・祝日を除く)

P.N.Y. DIV.

0120-501-150

フードコスメ

0800-080-2102
(10:00～17:00、土日・祝日を除く)

ポール&ジョー ボーテ

0120-766-996
(10:00～17:00、土日・祝日を除く)

マリークヮント コスメチックス

0120-369-056
(10:00～17:00、土日・祝日を除く)

SHO-BI

Tel 03-3472-7896
(10:00～17:00、土日・祝日を除く)

ジルスチュアート ビューティ

0120-878-652
(9:00～17:00、土日・祝日を除く)

スージーニューヨーク ディヴィジョン

Tel 03-3262-3454

セザンヌ化粧品

0120-55-8515
(9:00～17:30、土日・祝日を除く)

ちふれ化粧品

0120-147420
(9:00～18:00、土日・祝日を除く)

ドド・ジャパン

0120-334-071
(10:00～17:00、土日・祝日を除く)

ドリーム

0120-559-553
(9:00～17:00、土日・祝日を除く)

レッド

Tel 03-6421-4323
（10:00～17:00、土日・祝日を除く）

ロージーローザ

0120-253-001
（10:00～17:00、土日・祝日を除く）

明色化粧品

0120-12-4680
（9:30～18:00、土日・祝日を除く）

桃谷順天館 ジュネフォース事業部

0120-12-4680
（9:30～18:00、土日・祝日を除く）

Special Thanks!

★カラーコンタクト協力

アイレ
0120-247-325
（10:00～12:30、13:30～17:00、土日・祝日除く）

シンシア
0120-354-078
（10:00～18:00、土日・祝日除く）

ティー・アンド・エイチ
0120-323-550
（10:00～18:00、土日・祝日除く）
HP www.tandh.co.jp

★衣装協力

Sorella
HP www.rakuten.co.jp/sorella-online

ESBAT
HP www.esbat.co

★メイク用シザー協力

水谷理美容鋏製作所
HP mizutani-scissors.com

★メイクブラシ協力

KASHOEN
HP www.kashoen.jp

★ウィッグ協力

プリシラ
HP www.prisila.jp

★撮影協力

ABP inc.
スターダストプロモーション

★協力

CASE shinjuku
photo and design OZ
岡田優菜

MANAMI

Profile

まなみ／メイクアップアーティスト。15歳よりモデルをはじめ、18歳から主に台湾を中心にモデル、タレント、作家などの芸能活動を行う。引退後、メイクアップアーティストに転身。国内外で舞台、スチール、ショー、芸能人のヘアメイクを担当。また、講師としても活躍中。企業向けインバウンドコンサル、コスメ開発コンサル、メイクパンフレット監修、メイクセミナーなども多数。そのロジカルなメイク術は、幅広い世代にわかりやすいと好評を得ている。

公式ブログ
ameblo.jp/be-natural-manami

Facebook
www.facebook.com/beautissimo1

―― MANAMI監修・著書紹介

『この一冊で基礎からわかる！ オルチャンメイクLESSON』
（青春出版社 刊）

『～キレイになるメイクのプロセス・道具がよくわかる～
メイクの超基本テクニック』
（マイナビ出版 刊）

『一重・奥二重さんの大人メイク』
（辰巳出版 刊）

STAFF

デザイン	秋元美絵、下込純子(tripletta)
撮影	長谷川梓(モデル)、内山めぐみ(静物)
カバー、プロセスモデル	奈津子
イメージ別モデル	奈津子、小林よう、東條咲子、竹林美咲(以上ABP inc.)、齋藤優菜
スタイリスト	Kei
ヘアメイクアシスタント	太田原美香
コスメセレクトアシスタント	浅木若菜、天野愛梨、pikori
校正	菅野ひろみ
印刷コーディネート	横尾真広(図書印刷)
プリントディレクション	栗原哲朗(図書印刷)
編集	庄司美穂(マイナビ出版)

これ 1 冊でプロセス・色選び、メイクのアレンジ方法までがよくわかる

メイクの超基本と応用テクニック

2016年 4 月 4 日　初版第 1 刷発行
2017年 7 月 7 日　初版第 2 刷発行

著　者　　MANAMI
発行者　　滝口直樹
発行所　　株式会社マイナビ出版
〒101-0003
東京都千代田区一ツ橋 2 - 6 - 3　一ツ橋ビル 2 F
Tel. 0480-38-6872(注文専用ダイヤル)
Tel. 03-3556-2731(販売)
Tel. 03-3556-2736(編集)
E-mail：pc-books@mynavi.jp
URL：http://book.mynavi.jp

印刷・製本　図書印刷株式会社

【化粧品、つけまつ毛、カラーコンタクトレンズを使用する際は以下のことを守ってください】
本書で紹介している化粧品、つけまつ毛、およびカラーコンタクトレンズを使用する際は、化粧品の使用上の注意をよく読み、正しくご使用ください。皮膚の弱い方、アレルギーをお持ちの方など健康上に不安のある方は、医療機関や専門医にご相談の上、ご使用ください。本書の著者、ならびに出版社は、これらの商品を用いて生じたあらゆる問題に対する責任は負いかねます。

本書掲載の情報は2016年 2 月現在のものです。そのためお客様がご利用になるときは、情報が異なっている場合がございます。本書中の会社名、商品名は、該当する各社の商標または登録商標です。

定価はカバーに記載しております。

ISBN 978-4-8399-5682-0　C2077
Printed in Japan